等学校俄语专业教材

U0143802

大学俄语
Русский
〔新版〕
язык

丛书主编：王利众　童　丹

本册主编：童　丹　冯佩成

本册编者：马轶伦　王利众　冯佩成　刘　嘉

　　　　　孙晓薇　张风路　张廷选　赵　雪

　　　　　童　丹

一课一练

5

外语教学与研究出版社
北京

图书在版编目（CIP）数据

东方大学俄语（新版）一课一练．5 / 童丹，冯佩成主编 ；
马轶伦等编．— 北京 ：外语教学与研究出版社，2013.6
高等学校俄语专业教材 / 王利众，童丹主编
ISBN 978-7-5135-3258-7

Ⅰ．①东… Ⅱ．①童… ②冯… ③马… Ⅲ．①俄语－高等学
校－习题集 Ⅳ．① H359.6

中国版本图书馆 CIP 数据核字（2013）第 140627 号

出 版 人　蔡剑峰
项目策划　米淑惠
责任编辑　彭冬林　任 飞
装帧设计　赵 欣　高 蕾
出版发行　外语教学与研究出版社
社　　址　北京市西三环北路 19 号（100089）
网　　址　http://www.fltrp.com
印　　刷　三河市北燕印装有限公司
开　　本　787×1092　1/16
印　　张　11
版　　次　2013 年 7 月第 1 版 2013 年 7 月第 1 次印刷
书　　号　ISBN 978-7-5135-3258-7
定　　价　38.00 元

购书咨询：(010)88819929 电子信箱：club@fltrp.com
如有印刷、装订质量问题，请与出版社联系
联系电话：(010)61207896 电子信箱：zhijian@fltrp.com
制售盗版必究 举报查实奖励
版权保护办公室举报电话：(010)88817519
物料号：232580001

前 言

实践课和语法课是俄语专业的主干课,俄语专业学生的语言运用能力很大程度上取决于实践课和语法课的教学效果。《东方大学俄语》在全国七十余所高校俄语专业使用,获得了良好的声誉。北京外国语大学俄语学院适应时代发展编写了《东方大学俄语(新版)学生用书》。该教材刚刚面世,对老师的教学和学生学习都具有一定的挑战性。为了使该书的使用效果更佳,减少教师的工作量,增强学生的实践能力,巩固课堂的教学效果,提高学生俄语专业四、八级考试的成绩,我们组织具有丰富教学经验的一线教师编写《东方大学俄语(新版)一课一练》系列丛书。该丛书册数与《东方大学俄语(新版)学生用书》册数相同,并且课与课一一对应,力求做到重点突出,全面提高俄语专业学生的各项技能。该丛书每一课的主要内容包括:

① **词汇**。重点词汇进行扩展,配合实例;近义词辨析;词汇扩充,如学到计算机知识时,扩展软件、硬件、内存、键盘、鼠标等词。

② **课文和言语训练**。根据课文重点进行填空、连词成句、汉译俄、俄译汉练习。根据需要进行写作练习。

③ **构词、语法、成语、修辞**。针对语法、修辞等内容,结合等级考试扩充语法、修辞等知识,配以大量的练习。

④ **日积月累**。每课后根据情况配以谚语、俗语、成语等,日积月累,有助于提高学生的语言能力。

⑤ **国情点滴**。主要配合四、八级考试介绍俄罗斯城市、文化、艺术、文学等知识。介绍使用语言为汉语,必要的术语为俄语,如作家姓名、作品的名称等。

⑥ **练习答案**。针对《东方大学俄语(新版)一课一练》中的练习配有参考答案。

此外,本丛书同时针对俄语专业四、八级考试配以大量练习,根据教学安排编写期末考试试题各四套(配有答案),书中的个别练习没有参考答案,主要是希望培养学生自己分析、解决问题的能力,个别句子中出现少量生词以便培养语感。本丛书由王利众教授负责整体设计工作,构词、语法、成语、修辞、国情、测试由王利众教授统稿,词汇、课文和言语训练由童丹博士统稿。特别感谢北京外国语大学俄语学院史铁强教授提出的宝贵意见和外语教学与研究出版社俄语工作室同仁的大力支持。

编写这套适合广大学生使用的《东方大学俄语(新版)一课一练》系列丛书对我们来说是一种挑战,我们会力求完美,疏漏之处恳请批评指正。

哈尔滨工业大学 王利众

2013 年 5 月

目 录

Урок 1

一、词 汇

练习1 为下列词语选择正确的解释。

1 зави́сеть _____

2 реализова́ть _____

3 претерпева́ть _____

4 отсиде́ть _____

5 рискова́ть _____

6 соотве́тствовать _____

7 характеризова́ться _____

8 превосходи́ть _____

9 сориенти́роваться _____

10 совмести́ть _____

11 предполага́ть _____

12 сопережива́ть _____

13 опека́ть _____

14 посре́дничать _____

15 опира́ться _____

A. быть свя́занным в свои́х де́йствиях, мы́слях с чужо́й во́лей, влия́нием, находи́ться в зави́симости

B. осуществля́ть на пра́ктике

C. терпе́ть, пережива́ть что́-л. тяжёлое, неприя́тное

D. де́лать что без ве́рного расчёта

E. превыша́ть, проявля́ть преиму́щество своё, быть лу́чше

1

F. определя́ть и устра́ивать предвари́тельно, на бу́дущее

G. занима́ться посре́дничеством ме́жду ке́м-нибудь, быть посре́дником

H. определи́ть по каки́м-либо при́знакам своё положе́ние

I. отлича́ться каки́ми-л. характе́рными черта́ми

J. просиде́ть где́-нибудь како́е-нибудь вре́мя

K. быть в соотве́тствии с че́м-л.

L. сочета́ть, соедини́ть вме́сте

M. сочу́вствуя друго́му, пережива́ть вме́сте с ним его́ душе́вное состоя́ние

N. забо́титься о ко́м-нибудь

O. по́льзоваться ке́м-л., че́м-л. как опо́рой

二、课文和言语训练

练习2 将下列词组翻译成汉语。

взгляд внутрь себя

преодолева́ть препя́тствия

после́дующая жизнь

происходи́ть от лати́нского ко́рня

разделе́ние труда́

нако́пленные зна́ния и на́выки

тари́фно-квалификацио́нный спра́вочник

претерпева́ть измене́ния

бра́ться за любо́е де́ло

свести́ концы́ с конца́ми

зано́счивый нача́льник

неужи́вчивые колле́ги

прести́жная профе́ссия

прили́чная жизнь

профессиона́льная приго́дность

профессиона́льная квалифика́ция

профессиона́льные скло́нности

идти́ на поводу́ у люде́й _____

лечь на чьи пле́чи _____

сориенти́роваться в «мо́ре» профе́ссий _____

управля́ть механи́змами _____

нестанда́ртное мышле́ние _____

лю́ди с тво́рческим скла́дом ума́ _____

убыва́ние в проце́нтном соотноше́нии _____

шо́у-би́знес _____

материа́льный доста́ток _____

психологи́ческий тип _____

прагмати́ческий век _____

повле́чь раздраже́ние _____

эти́ческие но́рмы _____

练习3 将下列词组翻译成俄语。

顺风 _____

达到目标 _____

作决定 _____

考虑主要因素 _____

挣钱 _____

获得愉悦 _____

采集可食用的植物 _____

抚育子女 _____

代代相传 _____

社会经济条件 _____

飞速发展 _____

调换工作 _____

某个职业 _____

在社会中得到认可 _____

良好的劳动条件 _____

将命运与职业相连 _____

就业机会 _____

归根结底　　　＿＿＿＿＿＿＿＿＿＿＿＿＿＿＿

个人品质　　　＿＿＿＿＿＿＿＿＿＿＿＿＿＿＿

符合人的能力　＿＿＿＿＿＿＿＿＿＿＿＿＿＿＿

偏爱　　　　　＿＿＿＿＿＿＿＿＿＿＿＿＿＿＿

高薪职业　　　＿＿＿＿＿＿＿＿＿＿＿＿＿＿＿

银行业　　　　＿＿＿＿＿＿＿＿＿＿＿＿＿＿＿

贸易领域　　　＿＿＿＿＿＿＿＿＿＿＿＿＿＿＿

人的气质　　　＿＿＿＿＿＿＿＿＿＿＿＿＿＿＿

提高专业技能　＿＿＿＿＿＿＿＿＿＿＿＿＿＿＿

享有威望　　　＿＿＿＿＿＿＿＿＿＿＿＿＿＿＿

职业特征　　　＿＿＿＿＿＿＿＿＿＿＿＿＿＿＿

职业环境　　　＿＿＿＿＿＿＿＿＿＿＿＿＿＿＿

试用期　　　　＿＿＿＿＿＿＿＿＿＿＿＿＿＿＿

面试　　　　　＿＿＿＿＿＿＿＿＿＿＿＿＿＿＿

练习4　将括号里的词组翻译成俄语。

❶ Как осо́бенности специа́льности бу́дут ＿＿＿＿＿＿（与人生价值观和人生规划相关联）?

❷ Ведь всем хо́чется не то́лько зараба́тывать де́ньги, но и ＿＿＿＿＿＿（实现自身的潜能）и получа́ть настоя́щее удово́льствие от свое́й де́ятельности.

❸ ＿＿＿＿＿＿（随着社会的发展）ста́ли возника́ть ＿＿＿＿＿＿（市场关系）ме́жду людьми́ и появи́лась специализа́ция люде́й по ви́дам труда́.

❹ Вы и́щете профе́ссию, кото́рая ＿＿＿＿＿＿（特点是）бы хоро́шими усло́виями труда́?

❺ Не ＿＿＿＿＿＿（冒险）ли вы, око́нчив уче́бное заведе́ние и ＿＿＿＿＿＿（得到毕业证）, оста́ться без рабо́ты, так и не порабо́тав ни дня по э́той специа́льности?

❻ Мо́жете ли вы с уве́ренностью сказа́ть, ＿＿＿＿＿＿（适合）ли вы ＿＿＿＿＿＿（在……方面）к вы́бранной специа́льности?

❼ Для того́ чтобы пра́вильно вы́брать себе́ профе́ссию, вам на́до ＿＿＿＿（弄明白）в трёх веща́х.

❽ Оцени́ть ва́ши профессиона́льно ва́жные ка́чества, кото́рые определя́ют,

_____（归根结底）, ва́шу профессиона́льную приго́дность.

⑨ Каки́е профе́ссии _____（有需求）у работода́телей на ры́нке труда́?

⑩ К интеллектуа́льному ти́пу отно́сят _____（观察力强、有头脑的人）.

⑪ В 2008 году́ был проведён _____（社会调查）среди́ молодёжи в ра́зных регио́нах страны́.

⑫ Экономи́стами стреми́лись быть 20% _____（被调查人）, ви́дели себя́ в ба́нковской сфе́ре 10% молоды́х люде́й.

⑬ _____（同样重要的作用）игра́ют и _____（流动）молодо́го рабо́тника, его́ акти́вность, _____（顽强）, _____（善于交往）, зна́ние языко́в.

⑭ Специали́ст, получа́ющий удово́льствие от рабо́ты, _____（注定）на успе́х: поско́льку он бу́дет постоя́нно _____（自我完善）профессиона́льно, ему́ обеспе́чен _____（仕途升迁）.

⑮ Е́сли челове́к _____（追逐物质利益）заста́вит себя́ занима́ться не свои́м де́лом, э́то неизбе́жно _____（使人愤恨）, _____（不舒服）, _____（神经紧张）_____, _____（压力）.

练习5 把括号里的词变成适当形式填空，如需要加前置词。

❶ Вы́бор профе́ссии мо́жно отнести́ _____（са́мые сло́жные）.

❷ Мужчи́ны охо́тились _____（живо́тные）.

❸ Они́ обме́нивались друг с дру́гом _____（проду́кты）своего́ труда́.

❹ Не́которым лю́дям приходи́лось бра́ться за любо́е де́ло, что́бы вы́жить, по́просту свести́ концы́ с конца́ми. Где уж тут счита́ться _____（за́работная пла́та）.

❺ На́ши проду́кты по́льзуются _____（спрос）.

❻ Изве́стный америка́нский психо́лог вы́двинул тео́рию, что соотве́тствие челове́ка _____（профессиона́льное окруже́ние）определя́ет успе́шность его́ трудово́й де́ятельности.

❼ Е́сли у́ровень их разви́тия превосхо́дит тот, кото́рый тре́буется для овладе́ния _____（профе́ссия）, то челове́ка мо́жно счита́ть профессиона́льно приго́дным _____（э́та профе́ссия）.

⑧ Профессиона́льная приго́дность – э́то пре́жде всего́ тре́бования _____ (состоя́ние) здоро́вья челове́ка.

⑨ Мы выполня́ем зада́чи, опира́ясь _____ (подде́ржка) колле́г.

⑩ Кро́ме того́, по профессиона́льному при́знаку лю́ди объединя́ются _____ (катего́рии и́ли гру́ппы) люде́й, занима́ющихся одина́ковым ви́дом трудово́й де́ятельности.

练习6 造句。

зави́сеть	_____
соотноси́ться	_____
по душе́	_____
как пра́вило	_____
тем бо́лее	_____
в коне́чном счёте	_____
в зави́симости от чего́	_____
ины́ми слова́ми	_____
ина́че говоря́	_____
тем не ме́нее	_____
в связи́ с чем	_____
в пе́рвую о́чередь	_____
в после́днюю о́чередь	_____
скоре́е..., чем...	_____
Что каса́ется..., то...	_____

练习7 把下列句子翻译成汉语。

① Е́сли челове́к не зна́ет, к како́й при́стани он де́ржит путь, для него́ ни оди́н ве́тер не бу́дет попу́тным.

_____

② В на́ше вре́мя появля́ются но́вые профе́ссии и исчеза́ют ста́рые, стира́ются грани́цы ме́жду мно́гими из них, а не́которые, напро́тив, постоя́нно де́лятся, дробя́тся, размножа́ются. Поско́льку и́менно сейча́с на́ша жизнь претерпева́ет значи́тельные измене́ния, происхо́дит стреми́тельное разви́тие обще́ственных отноше́ний, в усло́виях совреме́нного рынка труда появляется большое количество новых, непривычных и незнакомых для нас профессий, хотя в более развитых странах они уже давно стали обычными.

_____

_____

_____

③ Профессиональная пригодность – это требования к состоянию здоровья человека, требования к профессиональной квалификации и требования к профессиональным способностям. Здоровье, квалификация и способности человека являются его профессионально важными качествами. Если уровень их развития превосходит тот, который требуется для овладения профессией, то человека можно считать профессионально пригодным к этой профессии.

_____

_____

_____

④ Определить, каковы ваши профессиональные интересы и склонности, т.е. желания человека, побуждения, потребности в определённых видах деятельности, стремления не только к результату, но и к самому процессу того, что человек делает. От склонностей зависит привлекательность работы, интерес к ней.

_____

_____

_____

⑤ Не случайно есть мнение, что, выбирая себе профессию, человек выбирает и образ жизни. А потому лучше не экспериментировать, не идти на поводу у друзей, для которых профессия не является главной составляющей в жизни. Ведь в итоге все неприятности в связи с выбором профессии лягут на плечи того, кто её выбирает.

_____

_____

_____

⑥ Кро́ме того́, по профессиона́льному при́знаку лю́ди объединя́ются в
катего́рии и́ли гру́ппы люде́й, занима́ющихся одина́ковым ви́дом трудово́й
де́ятельности. Зна́чит, вы́брать профе́ссию – э́то не сто́лько вы́брать себе́
рабо́ту, ско́лько быть при́нятым в определённую гру́ппу люде́й, приня́ть её
эти́ческие но́рмы, пра́вила, при́нципы, це́нности, о́браз жи́зни.

_____

_____

_____

⑦ Изве́стный америка́нский психо́лог вы́двинул тео́рию, что соотве́тствие
челове́ка профессиона́льному окруже́нию определя́ет успе́шность его́
трудово́й де́ятельности.

_____

_____

⑧ К реалисти́ческому ти́пу отно́сятся практи́чные, рациона́льные,
проза́ические лю́ди, у кото́рых нева́жно обстоя́т дела́ с обще́нием – они́
предпочита́ют рабо́тать с инструме́нтами, предме́тами, механи́змами –
жела́тельно на све́жем во́здухе.

_____

_____

⑨ Для челове́ка предпринима́тельского скла́да гла́вное – возмо́жность
реализова́ть свою́ домина́нтность.

_____

_____

⑩ Лю́ди канцеля́рского ти́па предпочита́ют рабо́тать по пра́вилам и
устано́вленному гра́фику, когда́ всё распи́сано от и до. Всё но́вое,
непоня́тное – для них траге́дия.

_____

练习8　**把下列句子翻译成俄语。**

❶ 社会经济条件不同的国家中，职业的数量也不同。

_____

② 一些人为了生存，不得不碰到什么就干什么，勉强度日，哪里还顾及薪水以及傲慢的上司或不合群的同事。

_____

③ 首先最好要明确的是你为什么想选择某个职业，你对它有什么要求？

_____

④ 你希望自己的职业有声誉，在社会上受认可吗？

_____

⑤ 你能否满怀信心地说，你所选的职业适合自己的能力？

_____

⑥ 有创造力的、属于演员类型的、激情四射的人，选择的职业一般是设计师、画家、音乐家、演员等。

_____

_____

⑦ 当今时代，年轻专家身上的什么品质最吸引雇主？

_____

⑧ 一半以上的中学毕业生认为，在这个问题上物质因素是决定性因素。

_____

⑨ 至于谈到国家公务员和管理工作者的工作，那么 7% 的人有该方面的愿望。

_____

⑩ 但是 25% 的受访者准备自己经商，他们从中看到了致富的捷径。

_____

练习9 | 以《Моя люби́мая профе́ссия》为题，写一篇俄语作文，不少于 300词。

_____

_____

_____

_____

_____

三、构词、语法、成语、修辞

练习10 选择下列同根词的词义。

1 вы́жить _____

2 зажи́ть _____

3 нажи́ть что _____

4 ожи́ть _____

5 пережи́ть кого́ _____

6 дожи́ть до чего́ _____

7 изжи́ть что _____

8 обжи́ть что _____

9 отжи́ть _____

10 прожи́ть _____

A. （迁居到新地方）开发使适于居住

B. 铲除，根除（缺点、陋习等）

C. 活到（某时候）；住到（某时候）

D. 攒，积攒，积存，积储；惹出，招致

E. 活（若干时间）

F. 度完一生，活到头，衰亡，死亡

G. （伤口等）愈合，长好，痊愈

H. （重病、重伤之后）活下来

I. （死而）复活；恢复朝气，恢复活力，振作起来

J. 比……活得长久，生存得比……长久

练习11 使用同根词 вы́жить, зажи́ть, нажи́ть что, ожи́ть, пережи́ть кого́, дожи́ть до чего́, изжи́ть что, обжи́ть что, отжи́ть, прожи́ть 翻译下列句子。

1 我爷爷比自己的许多同龄人活得时间都长。

_____

2 由于使用了新疗法，病人活了下来。

_____

③ 很多缺点都难以根除。

_____

④ 我奶奶经历了两次世界大战。

_____

⑤ 许多旧的习俗已经消亡。

_____

⑥ 手上的伤口愈合了。

_____

⑦ 春天来了，大自然复苏了。

_____

⑧ 山区的居民活到一百岁是常事。

_____

⑨ 新中国成立初期人们把东北开发成适合居住的地方。

_____

⑩ 难以相处的性格给他招致了很多不快。

_____

练习12 把下列词组翻译成汉语。

взя́ться за перо́   _____

взя́ться за рабо́ту   _____

взя́ться за диссерта́цию   _____

взя́ться за ремо́нт маши́ны   _____

взя́ться за устано́вку аппара́та   _____

принима́ться рассма́тривать цифрово́й фотоаппара́т

_____

прили́чный челове́к   _____

прили́чная рабо́та   _____

прили́чное ка́чество   _____

прили́чное расстоя́ние   _____

прили́чная гости́ница   _____

выбира́ть ру́сский язы́к свое́й специа́льностью

_____

пра́во выбира́ть и быть вы́бранным _____

подбира́ть га́лстук к костю́му _____

отобра́ть из я́блок пять больши́х штук _____

练习13 选择下列词组和固定用法的意义。

① в коне́чном счёте _____

② тот и́ли ино́й _____

③ име́ть в виду́ _____

④ на поводу́ у кого́ _____

⑤ на протяже́нии чего́ _____

⑥ приходи́ться кому́ _____

⑦ брать что в аре́нду _____

⑧ плести́сь в хвосте́ _____

⑨ заби́ться в тупи́к _____

⑩ как ры́ба в воде́ _____

A. 如鱼得水

B. 陷入绝路

C. 落在所有人的后面，当尾巴

D. 不得不

E. 租赁，租到

F. 受……支配，听命于……

G. 指的是……

H. 某个

I. 最后，终于，归根结底

J. 在……期间内

练习14 把下列句子翻译成俄语。

① 这归根结底只是时间问题。

_____

② 有些同学考试没及格，你们知道我指的是谁。

_____

③ 他工作起来如鱼得水。

_____

④ 他失业了，陷入绝境。

_____

⑤ 所有学生都听班主任的。

_____

练习15 把下列句子翻译成汉语，注意 "...сто́лько, ско́лько..." "...не сто́лько, ско́лько..." "...насто́лько, наско́лько..." 结构的使用。

① Мать дала́ мне сто́лько де́нег, ско́лько я попроси́л.

_____

② Он чита́ет сто́лько, ско́лько задаёт преподава́тель.

_____

③ Эта оши́бка объясня́ется не сто́лько тем, что он нео́пытен, ско́лько тем, что он сли́шком самоуве́рен.

_____

_____

④ Она́ не сто́лько рассерди́лась, ско́лько удиви́лась э́тому.

_____

⑤ У́ровень воды́ повы́сился как раз насто́лько, наско́лько бы́ло предусмо́трено в прое́кте.

_____

_____

练习16 把下列修辞学术语翻译成汉语。

совреме́нный ру́сский литерату́рный язы́к

_____

функциона́льная стили́стика   _____

функциона́льный стиль   _____

нау́чный стиль   _____

официа́льно-делово́й стиль   _____

публицисти́ческий стиль   _____

разгово́рный стиль   _____

худо́жественный стиль   _____

сфе́ра употребле́ния   _____

жа́нры   _____

лекси́ческие осо́бенности   _____

морфологи́ческие осо́бенности   _____

синтакси́ческие осо́бенности   _____

练习17   填空。

俄语功能语体有五种，它们是 _____、_____、_____、_____和_____。

练习18   判断下面有关公文事务语体的说法是否正确，不正确的请改错。

① 私人信函属于公文事务语体。

_____

② 公文事务语体是一种书面语体，主要表现为法律、法令、公告、协议和各种官方文件。

_____

③ 公文事务语体是一种严格的书面语体，不使用口语的、俗语的词汇和句子结构。

_____

④ 公文事务语体中不使用带表情色彩的词，如可以使用 до́брый，бе́лый，但不可以使用 до́бренький，бе́ленький。

_____

_____

⑤ 公文事务语体中指代女性时常用表职业的阳性名词，不用相应的阴性名词，如不使用 преподава́тельница Ивано́ва，而应该用 преподава́тель Ивано́ва。

_____

_____

⑥ 公文事务语体中常重复使用同一个名词，尽量少用代词指代。

_____

⑦ 公文事务语体中句子动词谓语常用现在时。

_____

⑧ 公文事务语体中句子形容词谓语常用长尾形式。

_____

⑨ 公文事务语体中常用 кото́рый 连接从句，不用形动词。

_____

⑩ 公文事务语体中常用副动词。

_____

练习19 把下列句子翻译成汉语，并判断这些句子是否属于公文事务语体。

① Мужчи́ны до достиже́ния по́лных 18 лет, же́нщины до достиже́ния по́лных 15 лет не мо́гут заключи́ть бра́ка.

_____

_____

② По догово́ру подря́да подря́дчик обязу́ется вы́полнить в срок определённую рабо́ту по зада́нию зака́зчиков, а зака́зчик обязу́ется приня́ть и оплати́ть вы́полненную рабо́ту.

_____

_____

③ За кни́ги, возвраща́емые в библиоте́ку в плохо́м состоя́нии, чита́тели несу́т материа́льную отве́тственность.

_____

_____

④ Студе́нты должны́ быть дисциплини́рованными, соблюда́ть пра́вила общежи́тия, бере́чь госуда́рственную со́бственность, нетерпи́мо относи́ться ко вся́ким антиобще́ственным проявле́ниям, уча́ствовать в обще́ственной жи́зни коллекти́ва.

_____

_____

_____

⑤ Прошу́ Вас предоста́вить мне неде́льный о́тпуск для пое́здки домо́й по семе́йным обстоя́тельствам.

_____

_____

练习20 造句。

приходи́ться _____

не сто́лько..., ско́лько... _____

име́ть в виду́ что _____

на поводу́ у кого́ _____

на протяже́нии чего́ _____

заби́ться в тупи́к _____

как ры́ба в воде́ _____

练习21 选择正确答案填空。

1 Для тако́й то́нкой рабо́ты ну́жно _____ мастерство́, _____ тща́тельность.

A. сто́лько, ско́лько   B. не сто́лько, но и

C. не сто́лько, ско́лько   D. насто́лько, наско́лько

2 Он наде́л очки́ и _____ чита́ть прика́з министе́рства.

A. взял   B. взя́лся   C. при́нял   D. принялся́

3 Бое́ц про́сто перевяза́л ра́ну, и сра́зу же _____ за ору́жие.

A. взял   B. взя́лся   C. при́нял   D. принялся́

4 Продаве́ц приглаша́ет покупа́теля _____ ну́жный ему́ вы́бор.

A. вы́брать   B. избра́ть   C. отобра́ть   D. подбра́ть

5 На его́ рост тру́дно _____ костю́м.

A. вы́брать   B. избра́ть   C. отобра́ть   D. подбра́ть

四、日积月累

Беда́ не прихо́дит одна́. 祸不单行。

Без труда́ не вы́нешь ры́бку из пруда́. 不劳而获；不费力气的话，连池塘里的鱼都捞不起来。

五、国情点滴

2008 年 11 月 5 日，时任俄罗斯总统梅德韦杰夫在莫斯科克里姆林宫向议会两院发表国情咨文时提议，将俄总统任期从 4 年延长至 6 年（每届总统最多连任一次），同时国家杜马（议会下院）议员任期从 4 年延长至 5 年。

六、练习答案

练习1 ①A ②B ③C ④J ⑤D ⑥K ⑦I ⑧E ⑨H ⑩L ⑪F ⑫M ⑬N ⑭G ⑮O

练习2 审视自己，克服阻碍，今后的人生，源于拉丁语词根，劳动分工，积累的知识和技能，工资等级评定手册，经历变化，着手做任何工作，勉强糊口，傲慢的上司，不合群的同事，声誉高的职业，体面的生活，职业适应程度，职业技能，职业倾向，受人支配，落到某人身上，在众多职业中定位，操纵机械，不落俗套的思维，创意型人才，百分比递减，娱乐业，物质财富，心理类型，实用至上的年代，使人愤恨，道德规范

练习3 попу́тный ве́тер, достиже́ние це́ли, приня́ть реше́ние, уче́сть основны́е фа́кторы, зараба́тывать де́ньги, получа́ть удово́льствие, собира́ть съедо́бные расте́ния, расти́ть дете́й, передава́ться из поколе́ния в поколе́ние, обще́ственно-экономи́ческие усло́вия, стреми́тельное разви́тие, перехо́д с одного́ рабо́чего ме́ста на друго́е, та и́ли ина́я профе́ссия, по́льзоваться призна́нием в о́бществе, хоро́шие усло́вия труда́, связа́ть судьбу́ с профе́ссией, возмо́жность трудоустро́йства, в коне́чном счёте, индивидуа́льные ка́чества, соотве́тствовать спосо́бностям челове́ка, отда́ть предпочте́ние, высокоопла́чиваемая профе́ссия, ба́нковская сфе́ра, торго́вая сфе́ра, темпера́мент челове́ка, повыша́ть квалифика́цию, по́льзоваться авторите́том, профессиона́льный при́знак, профессиона́льная среда́, испыта́тельный срок, собесе́дование

练习4
① соотноси́ться с жи́зненными це́нностями и пла́нами
② реализова́ть свой потенциа́л
③ По ме́ре разви́тия (С разви́тием) о́бщества, ры́ночные отноше́ния
④ характеризова́лась
⑤ риску́ете, получи́в дипло́м
⑥ приго́дны, по отноше́нию
⑦ сориенти́роваться
⑧ в коне́чном счёте

⑨ пóльзуются спрóсом

⑩ людéй наблюдáтельных и сообразúтельных

⑪ социологúческий опрóс

⑫ опрóшенных

⑬ Не мéнее вáжную роль, мобúльность, настóйчивость, коммуникáбельность

⑭ обречён, совершéнствоваться, карьéрный рост

⑮ в погóне за материáльной вы́годой, повлечёт раздражéние, дискомфóрт, нéрвное напряжéние, стресс

练习5

① к сáмым слóжным

② на живóтных

③ продýктами

④ с зáработной плáтой

⑤ спрóсом

⑥ профессионáльному окружéнию

⑦ профéссией, к э́той профéссии

⑧ к состоя́нию

⑨ на поддéржку

⑩ в категóрии úли грýппы

练习7

① 如果一个人不知道自己前进的方向，他就不会有一帆风顺的时候。

② 如今，新职业不断涌现，旧职业不断消失，其中很多职业之间的界限在模糊，而另一些职业却在细化分工，不断衍生出新的职业。其原因在于我们今天的生活正在经历巨大改变，社会关系飞速发展，劳动力市场上大量新生职业层出不穷，许多对我们来说很不习惯甚至很陌生的职业在发达国家中早就很常见。

③ 职业适宜度是指职业对一个人的身体状况、职业熟练程度和技能提出的要求。身体情况、职业熟练程度和技能是一个人重要的职业素质，如果这些方面的水平超过该职业所要求具备的水平，那么就可以认为这个人适合该职业。

④ 应确定你的职业兴趣和倾向是怎样的，这指的是一个人从事某些活动的愿望、动机和对工作种类的需求以及一个人不仅追求结果，还注重工作过程中所做的努力。工作的吸引力以及对工作的兴趣正是取决于这些倾向。

⑤ 选择职业也是选择一种生活方式，这种观点的出现并不意外。所以不要抱试验的态度，不要听从不拿职业当回事的人的意见。要知道选错职业的所有痛苦归根结底都会落到当事人的身上。

⑥ 除此之外，根据职业特点从事同一类型工作的人们按照类型或组群结合

在一起。也就是说，选择职业——与其说是给自己挑选工作，不如说是加入一定的组群，接受这些人的道德规范、规则、原则、价值观和生活方式。

⑦ 美国著名的心理学家提出一个理论：一个人在其适合的职业环境中工作就会取得成功。

⑧ 属于现实派的人们讲究实用、合理和实际，与人交际对他们来说并不重要，他们更喜欢工作时使用工具、实物和设备，他们更喜欢在户外。

⑨ 对一个具有企业家潜质的人来说最重要的就是发挥自己的优势。

⑩ 办公室类型的人们更喜欢按部就班地工作，遵守上下班时间。一切新生事物、不能理解的东西对他们来说就是一个悲剧。

练习8

① Число́ профе́ссий неодина́ково в стра́нах с разли́чными обще́ственно-экономи́ческими усло́виями.

② Не́которым лю́дям приходи́лось бра́ться за любо́е де́ло, что́бы вы́жить, попро́сту свести́ концы́ с конца́ми. Где уж тут счита́ться с за́работной пла́той, зано́счивым нача́льником и́ли неужи́вчивыми колле́гами.

③ Пре́жде всего́, неплохо́ вы́яснить, почему́ вы хоти́те вы́брать ту и́ли ину́ю профе́ссию, каки́е тре́бования к ней предъявля́ете?

④ Вы хоти́те, что́бы ва́ша профе́ссия была́ прести́жной, по́льзовалась призна́нием в о́бществе?

⑤ Мо́жете ли вы с уве́ренностью сказа́ть, соотве́тствует ли вы́бранная профе́ссия ва́шим возмо́жностям?

⑥ Лю́ди с тво́рческим скла́дом ума́, эмоциона́льные, относя́щиеся к артисти́ческому ти́пу, выбира́ют профе́ссии диза́йнера, худо́жника, музыка́нта, актёра и т. д.

⑦ Каки́е ка́чества сего́дня бо́льше всего́ привлека́ют работода́теля в молодо́м специали́сте?

⑧ Бо́лее полови́ны выпускнико́в школ счита́ют материа́льный фа́ктор реша́ющим в э́том вопро́се.

⑨ Что каса́ется де́ятельности госслу́жащего, управле́нца, то здесь нашло́сь всего́ 7% жела́ющих.

⑩ Тем не ме́нее 25% опро́шенных гото́вы бы́ли заня́ться ча́стным би́знесом, ви́дя в э́том бы́стрый путь к материа́льному доста́тку.

练习10 ① H ② G ③ D ④ I ⑤ J ⑥ C ⑦ B ⑧ A ⑨ F ⑩ E

练习11

① Мой дед пе́режил мно́гих свои́х све́рстников.

② Благодаря́ но́вым ме́тодам лече́ния больно́й вы́жил.

③ Мно́го недоста́тков тру́дно изжи́ть.

④ Моя́ ба́бушка пережила́ две мировы́е во́йны.

⑤ Мно́гие ста́рые обы́чаи давно́ о́тжили.

⑥ Ра́на на руке́ зажила́.

⑦ Весна́ наступи́ла, и приро́да ожила́.

⑧ Го́рные жи́тели дожива́ют неро́дко до ста лет.

⑨ В пе́рвые го́ды по́сле образова́ния но́вого Кита́я лю́ди обжива́ли но́вые места́ на се́веро-восто́ке страны́.

⑩ Из-за своего́ тяжёлого хара́ктера он нажи́л себе́ мно́го неприя́тностей.

练习12 着手写作（拿起笔），着手工作，着手写论文，着手修理汽车，着手安装仪器，开始仔细研究数码相机，正派的人，体面的工作，优质，相当远的距离，不错的宾馆，选择俄语作为自己的专业，选举权和被选举权，选一条领带配西服，挑出五个大苹果

练习13 ① I ② H ③ G ④ F ⑤ J ⑥ D ⑦ E ⑧ C ⑨ B ⑩ A

练习14
① Это в коне́чном счёте явля́ется то́лько вопро́сом вре́мени.

② Не́которые студе́нты не сда́ли экза́мен, вы зна́ете, кого́ я име́ю в виду́.

③ Он рабо́тает как ры́ба в воде́.

④ Он потеря́л рабо́ту и заби́лся в тупи́к.

⑤ Все ребя́та на поводу́ у кла́ссного руководи́теля.

练习15
① 我要多少钱，母亲就给了我多少钱。

② 老师让他读多少，他就读多少。

③ 犯这个错误与其说是他没有经验，不如说他太自负。

④ 与其说她愤怒，不如说对此感到吃惊。

⑤ 水位刚好升到设计中所预计的高度。

练习16 现代俄语标准语，功能修辞学，功能语体，科学语体，公文事务语体，政论语体，口语体，文艺语体，使用范围，体裁，词汇特点，词法（形态）特点，句法特点

练习17 科学语体，公文事务语体，政论语体，口语体，文艺语体

练习18
① 错，改为：私人信函不属于公文事务语体。

⑧ 错，改为：公文事务语体中句子形容词谓语常用短尾形式。

⑨ 错，改为：公文事务语体中不用кото́рый连接从句，而用形动词。

练习19
1. 属于公文事务语体。译文：男性不满18岁，女性不满15岁不得结婚。
2. 属于公文事务语体。译文：根据承包合同，承包人应按时完成雇主所预定的任务，而雇主则应接受成果并支付工钱。
3. 属于公文事务语体。译文：图书返回时如有损坏，读者应负赔偿责任。
4. 属于公文事务语体。译文：大学生应该遵守纪律，遵守大学生公寓规则，爱护国家财产，反对一切违反社会规则的行为，参加集体社会活动。
5. 属于公文事务语体。译文：因家中有事特请假一周，望批准。

练习21
1. C
2. D
3. B
4. A
5. D

Урок 2

一、词 汇

练习1　为下列词语选择正确的解释。

1. подтя́нутый _____
2. оговори́ть _____
3. сти́хнуть _____
4. недоумева́ть _____
5. верте́ться _____
6. угнета́ть _____
7. побрести́ _____
8. трево́житься _____
9. греме́ть _____
10. подозва́ть _____
11. штуди́ровать _____
12. разврати́ть _____
13. протекциони́зм _____
14. вы́мотать _____
15. распредели́ть _____

A. му́чить, отягоща́ть созна́ние, ду́шу

B. раздели́ть ме́жду ке́м-н., предоста́вив ка́ждому определённую часть

C. систе́ма экономи́ческих и, в ча́стности, тамо́женных мер, напра́вленная на огражде́ние ме́стного капита́ла от иностра́нной конкуре́нции

D. вне́шне аккура́тный, вну́тренне дисциплини́рованный

E. позва́в, попроси́ть и́ли заста́вить подойти́

F. испóртить, довестú до пóлного морáльного разложéния

G. истощúть, измýчить

H. производúть грóмкие звýки

I. тщáтельно изучáть

J. находúться в состоянии кругового движéния

K. пойтú кудá-н., мéдленно двúгаясь, бредя

L. находúться в недоумéнии

M. приходúть в тревóгу, в волнéние, быть в тревóге

N. зарáнее услóвиться о чём-н.

O. стать тúше, утúхнуть

二、课文和言语训练

练习2　　**将下列词组翻译成汉语。**

вы́мышленные инициáлы _____

застáть когó врасплóх _____

колю́чий куст _____

рáнить когó больнéе _____

под бóгом ходúть _____

сказáть с нéкоторым раздражéнием _____

вертéться в головé _____

продиктовáть спúсок литератýры _____

побрестú чéрез застъ́вший сквер _____

дýмать о себé без скúдок _____

не дéлать поблáжек _____

твёрдые знáния _____

носúть в душé словá _____

привестú когó в смятéние _____

опéкой задушúть когó _____

насквóзь промóкнуть под дождём _____

штудúровать литератýру _____

перебрáться в общежúтие _____

развраща́ть кого́ _____

бессо́вестное продвиже́ние _____

练习3 **将下列词组翻译成俄语。**

无拘无束的谈话 _____

扬起眉毛 _____

拆开信封 _____

有势力的亲戚 _____

不喜欢搞邪门歪道的人 _____

采野果 _____

负责人员 _____

透过半开的房门 _____

人才培养工作 _____

上次的会面 _____

补充文献 _____

觉得自己无助 _____

飞出脑海 _____

使某人痛苦 _____

与他们接触 _____

进行得顺利 _____

考试成绩优秀 _____

矛盾的感觉 _____

报复某人 _____

刮风的夜晚 _____

在半路上 _____

"砰"地一声关门 _____

高尚的事业 _____

实际的工作 _____

勤奋学习 _____

练习4 **将括号里的词组翻译成俄语。**

❶ По́сле оконча́ния десятиле́тки он реши́л стать врачо́м, _____ (而

我向往诗歌）— так и разошли́сь на́ши доро́ги.

② Я _____（承认）, не ожида́л тако́го отве́та.

③ А тепе́рь вы, ро́слый худо́й челове́к, у кото́рого – так я ду́мал – нет в душе́ _____（一点点同情）, свои́ми слова́ми _____（伤害）меня́ куда́ больне́е.

④ Нам _____（托付）рабо́ту _____（人才培养）.

⑤ Три дня я ко́е-ка́к занима́лся _____（按照别人的提纲）.

⑥ Я соверше́нно _____（惊慌失措）, не мог да́же вспо́мнить, как пи́шется э́то сло́во.

⑦ Вы́шел с экза́мена я соверше́нно_____（筋疲力尽）.

⑧ Прости́те, что я у вас_____（占很多时间）.

⑨ Я_____（把这一切都归功于您）.

⑩ В полови́не девя́того пришли́ вы, _____（全身湿透）под дождём.

⑪ У вас начался́ _____（发作）ка́шля, когда́ ка́шель немно́го _____（停下来）, вы зна́ком веле́ли мне сесть.

⑫ Вы, больно́й, шли в э́ту _____（恶劣天气）, что́бы _____（给我答疑）.

⑬ Вы вста́ли, вы́шли из-за стола́ и _____（和我握手）.

⑭ По́сле институ́та я _____（被分配）в се́ло.

⑮ Лати́нское написа́ние сло́ва _____（对我来说不适合）.

练习5　**把括号里的词变成适当形式填空，如需要加前置词。**

① Жизнь полна́ _____ (неожи́данности).

② Мо́жет быть, вы сомнева́етесь _____ (на́ша компете́нтность)?

③ _____ (Два други́х преподава́теля) не пона́добилось да́же письма́.

④ Рабо́та тре́бует _____ (студе́нты) _____ (твёрдые зна́ния).

⑤ Я обя́зан _____ (вы) _____ (всё), что я име́ю.

⑥ Он приуча́л _____ (лю́ди) _____ (ложь).

⑦ Его́ лицо́ покрасне́ло _____ (ка́шель).

⑧ Студе́нты принима́ют акти́вное уча́стие _____ (соревнова́ния).

⑨ Противоречи́вые чу́вства владе́ли _____ (я). Не скро́ю, хоте́лось ка́к-то отомсти́ть _____ (вы).

⑩ Я подýмал, что _____ (он) есть _____ (что) рáдоваться.

练习6 造句。

откровéнно говоря _____

к слóву сказáть _____

приучáть _____

обя́зан чем комý-чемý _____

练习7 把下列句子翻译成汉语。

① Растрёпанная седáя шевелю́ра напоминáла колю́чий куст, укры́тый снéгом. Когдá я был в дерéвне и ходи́л собирáть я́годы, и́глы таки́х кустóв бóльно жáлили меня́.

_____

_____

② Вы́шел с экзáмена я совершéнно разби́тый.

_____

③ Я вы́шел из институ́та и мéдленно побрёл чéрез засты́вший сквер. Вéтки гну́лись под тя́жестью снéга.

_____

④ Я отпрáвился на бéрег мóря и там мéдленно шёл вдоль бéрега, ду́мая свои́ невесёлые ду́мы.

_____

⑤ С рáзными людьми́ меня́ стáлкивала жизнь, но вы пéрвый застáвили меня́ поду́мать о себé без ски́док, беспощáдно, всерьёз.

_____

_____

⑥ Ведь бы́ли в институ́те преподавáтели такóй закáлки, как вы, не дéлавшие поблáжек, трéбовавшие от студéнтов твёрдых знáний. Но вот в чём бедá: я с ни́ми прóсто не стáлкивался.

_____

_____

_____

7 Противоречи́вые чу́вства владе́ли мно́ю. Не скро́ю, хоте́лось ка́к-то отомсти́ть вам, в то же вре́мя, сам не признава́ясь себе́ в э́том, я начина́л ма́ло-пома́лу понима́ть, что вы пра́вы.

_____

_____

8 Вам я обя́зан всем, что сего́дня име́ю, ва́шему уча́стию в судьбе́ незна-
ко́мого студе́нта.

_____

9 Он приуча́л люде́й ко лжи, к протекциони́зму, бессове́стному продви-
же́нию.

_____

10 К сло́ву сказа́ть, у меня́ бы́ло тако́е впечатле́ние, бу́дто вы ка́ждый раз
выбира́ете и́менно тот вопро́с, кото́рого я не знал.

_____

练习8 把下列句子翻译成俄语。

1 教授事先说好不让我说出乡村医生的名字，这个人的签名就在信的下方。

_____

2 大学毕业后他决定当工程师，而我向往艺术，我们就分道扬镳了。

_____

3 窗户朝向大海，大敞四开，凉风习习。

_____

4 当街头的喧嚣平息之后，窗外天色黯淡下来。

_____

5 人生充满意外，我的记分册里出现了很高的分数。坦白地说，这让我措
手不及，说不出话来了。

_____

6 他困惑不解地瞟了我一眼，看来，他没料到这样的回答。

_____

7 父母的过分看管使儿子窒息，让他在心爱的姑娘面前脸红。

_____

8 儿子精疲力竭地回到家，困难使他得到了锻炼。

_____

⑨ 夜深了，灯光投射在妈妈的脸上，她的面庞上满是隐隐的喜悦。

_____

⑩ 我自己今天所拥有的一切都归功于党。

_____

练习9　以«Мой люби́мый рома́н»为题，写一篇俄语作文，不少于300词。

_____
_____
_____
_____
_____

三、构词、语法、成语、修辞

练习10　选择下列同根词的词义。

① вспо́мнить что　　　　　_____

② запо́мнить что　　　　　_____

③ упомяну́ть о чём, что　　_____

④ напо́мнить что (о чём), кому́ о чём　_____

⑤ припо́мнить что　　　　_____

⑥ опо́мниться　　　　　　_____

A. 回忆起，想起

B. 顺便提及，简略提到；提到

C. 记住

D. 想起，记起，回忆起

E. 使想起，使回忆起；提醒……记住

F. 苏醒，清醒；醒悟过来，回心转意

练习11　把括号里的词组翻译成俄语。

① Я не могу́ _____（冷静下来）от ра́дости.

❷ Ста́роста _____ （提醒我开会的事情）.

❸ По фо́рме э́тот предме́т _____ （令人想起星星）.

❹ Мане́рой говори́ть он _____ （我觉得像奥列格）.

❺ Его́ слова́ я никогда́ не забу́ду, я _____ （一生都记得）.

❻ Я ника́к не _____ （回忆起）то собы́тие, кото́рое произошло́ мно́го лет тому́ наза́д.

练习12 把下列词组翻译成汉语。

звать ученика́ к доске́ _____

звать дете́й домо́й _____

звать друзе́й на сва́дьбу _____

назва́ть вну́ка Алекса́ндра _____

назва́ть но́вый элеме́нт ра́дием _____

подозва́ть официа́нта _____

подозва́ть ма́льчика к себе́ _____

призва́ть молодёжь в а́рмию _____

призва́ть наро́д к защи́те Ро́дины _____

дове́рить дру́гу _____

дове́рить госуда́рственной поли́тике _____

дове́рить дете́й сосе́ду _____

дове́рить ему́ ва́жное зада́ние _____

дове́рить премье́р-мини́стру управля́ть госуда́рством

_____

дове́рить студе́нту получи́ть посы́лку _____

учи́ть но́вые слова́ _____

учи́ть наизу́сть текст _____

научи́ть сы́на пла́вать _____

научи́ть до́чку води́ть маши́ну _____

учи́ть дете́й му́зыке _____

обуча́ть ма́льчика е́здить на велосипе́де _____

обуча́ть ученико́в францу́зскому языку́ _____

приучи́ть себя́ к хо́лоду _____

приучи́ть дете́й к поря́дку _____

29

练习13 把括号里的词变成适当形式填空，如需要加前置词。

1. Никогда́ в жи́зни я ещё не ста́лкивался _____ (тако́й упря́мый челове́к), как _____ (он).

2. Во вре́мя Вели́кой Оте́чественной войны́ Сове́тская а́рмия столкну́лась _____ (больши́е тру́дности).

3. Встре́ча с дру́гом де́тства привела́ _____ (он) _____ (хоро́шее расположе́ние) ду́ха.

4. Неожи́данный вопро́с привёл _____ (студе́нты) _____ (отча́яние).

5. Эти материа́лы пригодя́тся _____ (диссерта́ция).

6. Ва́ши сове́ты _____ (я) пригодя́тся.

7. Он хорошо́ подгото́вился _____ (диссерта́ция), и поэ́тому защи́та получи́лась _____ (уда́чный).

8. _____ (Обе́д) уже́ пригото́вил, прошу́ к столу́.

9. На́до бе́режно относи́ться _____ (учёба и рабо́та).

10. Роди́тели обраща́ются _____ (де́ти) стро́го.

11. Обрати́тесь _____ (профе́ссор) _____ (вопро́сы).

12. Е́сли у вас тру́дности, то обрати́тесь _____ (мили́ция) _____ (по́мощь).

13. Когда́ мы возвраща́лись домо́й, _____ (мы) заста́л си́льный дождь.

14. Возврати́вшись домо́й, А́нна заста́ла _____ (оте́ц) _____ (серди́тый).

15. Ка́жется, где́-то мы встреча́лись _____ (она́).

练习14 选择下列词组和固定用法的意义。

1. сам себе́ голова́ _____

2. ве́шать (пове́сить) го́лову _____

3. моро́чить кому́ го́лову _____

4. голова́ е́дет (хо́дит, пошла́) кру́гом _____

5. сломя́ го́лову _____

6. держа́ть в голове́ _____

7. вбива́ть (кому́, что) в го́лову _____

8 голова́ на плеча́х

A. 飞快地，拼命地

B. ①（由于疲倦、劳累过度而）头晕 ②（由于事多、忙碌、激动而）头昏脑胀，晕头转向

C. 欺骗，戏弄

D. ①心里记得，经常记得，总是想着 ②想到，打算

E. 聪明人，智者，有头脑

F. 自己做主，自己说了算

G. 垂头丧气

H. 打定主意，固执己见

练习15 把下列句子翻译成汉语。

1 Де́ти побежа́ли к фи́нишу сломя́ го́лову.

_____

2 Алексе́й уже́ взро́слый, у него́ своя́ голова́ на плеча́х.

_____

3 Алекса́ндр хозя́ин, он сам себе́ голова́.

_____

4 Я вбил себе́ в го́лову, не отступлю́.

_____

5 Ва́ся, почему́ хму́ришься, го́лову пове́сил?

_____

6 Нельзя́ моро́чить де́тям го́лову.

_____

7 Я дога́дываюсь, что что́-то в голове́ он де́ржит. Но, что, ещё не я́сно.

_____

8 Расста́вшись с А́нной, Алексе́й держа́л одно́ в голове́: уви́деться с Ве́рой.

_____

9 От уста́лости у него́ идёт кру́гом голова́, шуми́т в уша́х.

_____

10 У меня́ так мно́го посети́телей, что, голова́ хо́дит кру́гом, тру́дно писа́ть.

_____

练习16 使用词组на душé【心情上】；в душé【① 心里，暗自（有某种想法、念头）② 天生的】把括号里的词翻译成俄语。

① Спать не хотéлось, _____ （心情）неспокóйно.

② _____ （心里）он не был соглáсен.

③ Он _____ （天生）поэ́т.

④ Ничегó, что происходи́ло _____ （心里）отцá, Алексéй не знал.

⑤ Теплó и грýстно стáло _____ （心情）у дя́ди от э́того письмá.

练习17 造句。

на душé _____

в душé _____

练习18 选择下列词组和固定用法的意义。

① застáть что врасплóх _____

② ни кáпли чегó _____

③ вы́лететь из головы́ _____

④ вертéться у когó в головé _____

A. 一点儿也（不）

B. 忘记，从记忆中消失

C. ①（某件熟悉的事情）一时怎么也想不起来 ②（某种思想、某件事）萦绕在心头

D. 出乎意料地遇到

练习19 把下列句子翻译成俄语。

① 他的问题出乎我的意料，我简直惊慌失措，不知该怎么回答。

_____

② 客人的突然来访使我们措手不及。

_____

③ 尽管我们站了一天，但我一点儿也不感到累。

_____

④ 他的眼里没有一丝愧疚感。

_____

⑤ 这件事一直萦绕在他的心头，而我已经忘了。

_____

练习20 На то и..., чтóбы... 是一种成语化的复合句结构, 通常可译为 "既然……（是）……, 那就应当……"。把下列句子翻译成汉语。

① На то и врач, чтóбы лечи́ть.

_____

② На то и мать, чтóбы ничегó не скрыва́ть от дете́й.

_____

③ На то и голова́, чтóбы ду́мать.

_____

④ На то и кни́ги, чтóбы чита́ть.

_____

⑤ На то и война́, чтóбы бы́ли опа́сности.

_____

练习21 使用句式На то и..., чтóбы... 把下列句子翻译成俄语。

① 既然你是母亲，就应该照看孩子。

_____

② 既然你是作家，就应该写作。

_____

③ 既然你是师傅，就应该教徒弟。

_____

④ 既然你是学生，就应该学习。

_____

⑤ 既然你是军人，就应该服从命令。

_____

练习22 选择下列词组和固定用法的意义。

① грýбо говоря́　_____

❷ чéстно говоря　_____

❸ по прáвде говоря　_____

❹ инáче говоря　_____

❺ стрóго говоря　_____

❻ откровéнно говоря　_____

❼ мя́гко говоря　_____

❽ сóбственно говоря　_____

❾ к слóву говоря　_____

A. 换句话说

B. 严格地说

C. 坦率地说

D. 简而言之，简略地说

E. 其实

F. 往轻里说，客气点说

G. 顺便说一下

H. 老实说

I. 说实在的

练习23　**把下列句子翻译成俄语。**

❶ 简而言之，我对政治不感兴趣。

_____

❷ 换句话说，一切都很可笑。

_____

❸ 其实，春节的饮食与其他节日的餐饮没什么大的区别。

_____

❹ 说实在的，我从来没想过这件事。

_____

❺ 严格地说，我们国家属于发展中国家。

_____

练习24 写出相反意义的句子。

① Мне не́куда пое́хать.

_____

② Мне бы́ло не́ с кем посове́товаться.

_____

③ Мне бу́дет не́где занима́ться.

_____

④ Мне не́ о ком забо́титься.

_____

⑤ Не́кому забо́титься о сироте́.

_____

练习25 选择正确答案填空。

① Мне бы́ло _____ (чем, ниче́м) занима́ться.

② Все мои́ друзья́ ря́дом со мной и мне есть _____ (к кому́, не́ к кому) обрати́ться.

③ Есть _____ (кому́, не́кому) отве́тить на твой вопро́с.

④ Мне есть _____ (не́ с кем, с кем) посове́товаться.

⑤ Ей бу́дет _____ (с кем, ни с ке́м) разгова́ривать.

⑥ Вчера́ мне бы́ло _____ (где, нигде́) занима́ться.

⑦ Нам бу́дет _____ (куда́, где) пойти́.

⑧ Ему́ есть _____ (когда́, не́когда) поду́мать о свое́й семье́.

⑨ У них быва́ет _____ (чем, что) угости́ть го́стя.

⑩ Мне есть _____ (кому́, о ком) забо́титься.

练习26 选择正确答案填空。

① На то ты тепе́рь и команди́р, _____ име́ть своё мне́ние.

    A. что́бы   B. что   C. что́бы не   D. что не

② В шко́ле дете́й _____ чте́нию и письму́.

    A. у́чат   B. у́чатся   C. приуча́ют   D. изуча́ют

③ Надо с малых лет _____ чистоте и порядку.

    A. научить детей   B. учить детей к

    C. приучить детей   D. приучить детей к

④ Студенты нашей группы стараются, очень серьёзно _____ к учёбе.

    A. относят   B. относятся   C. обращают   D. обращаются

⑤ Родители _____ к детям строго, но не грубо.

    A. относят   B. относятся   C. обращают   D. обращаются

⑥ Дети _____ бумагу и карандаши для рисования.

    A. подготовили   B. подготовились

    C. приготовили   D. приготовились

⑦ Аспиранты уже _____ к диссертации.

    A. подготовили   B. подготовились

    C. приготовили   D. приготовились

⑧ Если я не _____ вас дома, то я оставлю вам записку.

    A. застану   B. застал   C. встречу   D. встречусь

⑨ Завтра я поеду на вокзал _____ дядю.

    A. застать   B. заставать   C. встретиться   D. встретить

⑩ Возвративпшись домой, сын _____ отца взволнованным, сердитым.

    A. застал   B. заставал   C. встретился   D. встретил

练习27   把下列术语翻译成汉语。

художественный стиль   _____

многостильность   _____

образность   _____

индивидуальность   _____

образ автора   _____

练习28   判断下面有关文艺语体的说法是否正确，不正确的请改错。

① 文学作品语言具有"多语体性"（многостильность），即文学作品语言包含着多种语体的成分。

_____

_____

❷ 文学作品作者不同，其语言风格也具有不同的个性（индивидуа́льность）。

_____

❸ 文艺语言的特点在于富有感情色彩，具有特别强的表现力。

_____

❹ 文艺语体不仅使用严格意义上的标准语手段，而且还吸收非标准语手段——俚俗语、方言等。

_____

_____

❺ 语言材料在文艺语言中都用于审美功能。

_____

四、日积月累

Большо́му кораблю́ – большо́е пла́вание. 大船航程远；大材必有大用。

Волко́в боя́ться – в лес не ходи́ть. 不入虎穴，焉得虎子。

五、国情点滴

俄罗斯第六届总统选举投票在莫斯科时间 2012 年 3 月 4 日 21 时结束。普京以 63.75% 的得票率赢得总统选举。这是他继 2000 年首次当选总统、2004 年成功连任后第三次当选俄罗斯总统，任期为 2012—2018 年。

六、练习答案

练习1
❶ D ❷ N ❸ O ❹ L ❺ J ❻ A ❼ K ❽ M ❾ H ❿ E
⓫ I ⓬ F ⓭ C ⓮ G ⓯ B

练习2
虚构的姓名的首字母，让某人措手不及，多刺的灌木丛，把某人伤得更痛，听天由命，有些愤恨地说，在脑海里打转，口授书单，慢慢穿过结冰的街心花园，不对自己降低要求，不纵容，扎实的知识，心里装着话，使某人慌乱，过分看管使某人窒息，全身被雨淋透，钻研文献，搬到宿舍里，把某人引入歧途，昧着良心往上爬

练习3　непринуждённая бесе́да, подня́ть бро́ви, вскрыть конве́рт, влия́тельный ро́дственник, не люби́ть проходи́мца, собира́ть я́годы, отве́тственный рабо́тник, сквозь приоткры́тую дверь, рабо́та по подгото́вке ка́дров, предыду́щая встре́ча, дополни́тельная литерату́ра, чу́вствовать себя́ беспо́мощным, вы́лететь из головы́, угнета́ть кого, ста́лкиваться с ни́ми, пройти́ гла́дко, сдать экза́мен на отли́чно, противоречи́вые чу́вства, отомсти́ть кому, ве́треный ве́чер, на полпути́, хло́пнуть две́рью, благоро́дное де́ло, практи́ческая рабо́та, насто́йчиво учи́ться

练习4

① а меня́ тяну́ло к стиха́м

② признаю́сь

③ ни ка́пли сочу́вствия, ра́нили

④ дове́рили, по подгото́вке ка́дров

⑤ по чужи́м конспе́ктам

⑥ растеря́лся

⑦ разби́тый

⑧ отнима́ю мно́го вре́мени

⑨ обя́зан всем вам

⑩ наскво́зь промо́кший

⑪ при́ступ,ути́х

⑫ непого́ду, устро́ить мне консульта́цию

⑬ пожа́ли мне ру́ку

⑭ распредели́лся

⑮ мне не пригоди́лось

练习5

① неожи́данностей

② в на́шей компете́нтности

③ Двум други́м преподава́телям

④ от студе́нтов, твёрдых зна́ний

⑤ вам, всем

⑥ люде́й, к лжи

⑦ от ка́шля

⑧ в соревнова́ниях

⑨ мно́й, вам

⑩ ему́, чему́

练习7　① 这头散乱花白的头发就像白雪覆盖的长满刺的灌木丛。我在农村去采野果时，这种灌木丛的刺扎得我很痛。

② 走出考场时我已经精疲力竭。

③ 我走出校门，慢慢地穿过结了冰的街心花园。树枝被白雪的重量压弯了。

④ 我来到海边，慢慢地沿岸前行，想着自己不快乐的心事。

⑤ 一生中我遇到过形形色色的人，但您是第一个让我不迁就自己，认真严格地要求自己的人。

⑥ 学校里是有像您这样品质的老师，不纵容学生，要求学生掌握扎实的知识，但不幸的是，我从未接触过他们。

⑦ 矛盾的心情攫住了我。不瞒您说，曾想报复您。但同时，自己也不想承认的是，我开始渐渐明白，您是对的。

⑧ 我今天的一切多亏了您，多亏您能关心一个陌生学生的命运。

⑨ 他使人们习惯于撒谎，任人唯亲，昧着良心往上爬。

⑩ 顺便说一下，我有一种印象，似乎你每次选择的问题都是我不知道的。

练习8

① Профéссор оговори́л, что́бы я не называ́л и́мени сéльского врача́, чья по́дпись стои́т под письмо́м.

② По́сле оконча́ния университéта он реши́л стать инженéром, а меня́ тяну́ло к иску́сству – так и разошли́сь на́ши доро́ги.

③ Окна выхо́дят на мо́ре, бы́ли распа́хнуты, вéяло прохла́дой.

④ Когда́ стих у́личный шум, нéбо за окно́м потемнéло.

⑤ Жизнь полна́ неожи́данностей, в зачётке у меня́ появи́лись отли́чные оцéнки. Откровéнно говоря́, э́то заста́ло меня́ врасплóх, что про́сто онемéл.

⑥ Он, недоумева́я, взгляну́л на меня́, ви́дно, что не ожида́л тако́го отвéта.

⑦ Забо́тливые роди́тели свое́й опéкой задуши́ли сы́на, заста́вили его́ краснéть пéред люби́мой дéвушкой.

⑧ Сын пришёл домо́й вы́мотанный, тру́дности закали́ли его́.

⑨ Был глубо́кий вéчер, свет ла́мпы па́дал на лицо́ ма́мы, её черты́ бы́ли полны́ ти́хой ра́дости.

⑩ Я всем, что сего́дня имéю, обя́зан па́ртии.

练习10 ① A ② C ③ B ④ E ⑤ D ⑥ F

练习11

① опо́мниться

② напо́мнил мне о собра́нии

③ напомина́ет звезду́

④ напомина́ет мне Олéга

⑤ запóмню на всю жизнь

⑥ вспóмнил

练习12 叫学生到黑板前边，叫孩子回家，邀请朋友参加婚礼，给孙子起名叫亚历山大，新发现的元素称为镭，叫服务员过来，叫小男孩到自己跟前来，号召青年人参军，号召人民保卫祖国，相信朋友，相信国家政策，把孩子委托给邻居，委托给他一项重要任务，委托总理管理国家，委托学生收邮件，背生词，背课文，教会儿子游泳，教会女儿开车，教孩子音乐，教男孩骑自行车，教学生法语，使自己习惯于寒冷，使孩子们习惯保持秩序

练习13

① с такúм упрямым человéком, он

② с большúми трýдностями

③ его, в хорóшее расположéние

④ студéнтов, в отчáяние

⑤ для диссертáции

⑥ мне

⑦ к диссертáции, удáчной

⑧ Обéд

⑨ к учёбе и рабóте

⑩ к дéтям

⑪ к профéссору, с вопрóсами

⑫ в милúцию, за пóмощью

⑬ нас

⑭ отцá, сердúтым

⑮ с ней

练习14 ① F ② G ③ C ④ B ⑤ A ⑥ D ⑦ H ⑧ E

练习15

① 孩子们向终点飞奔。

② 阿列克谢已经长大了，他很有头脑。

③ 亚历山大是主人，他说了算。

④ 我打定主意了，不会后退。

⑤ 瓦夏，为什么愁眉苦脸，垂头丧气?

⑥ 不要欺骗孩子。

⑦ 我猜到他有心事。但什么心事不清楚。

⑧ 和安娜分手后，阿列克谢只有一个打算：去见薇拉。

⑨ 由于疲劳，他头昏耳鸣。

⑩ 我这里的来访者如此之多，弄得我头昏脑胀，无法写作。

练习16 ① на душе́ ② В душе́ ③ в душе́ ④ в душе́ ⑤ на душе́

练习18 ① D ② A ③ B ④ C

练习19
① Его́ вопро́с заста́л меня́ врасплóх, и я про́сто растеря́лся, не зна́я, что отве́тить.

② Неожи́данный прие́зд го́стя заста́л нас врасплóх.

③ Хотя́ це́лый день мы бы́ли на нога́х, но я не чу́вствую ни ка́пли уста́лости.

④ В его́ глаза́х не́ было ни ка́пли чу́вства раска́яния.

⑤ Это верте́лось у него́ в голове́, а вы́летело из мое́й головы́.

练习20
① 既然是医生，就该治病救人。
② 既然是母亲，就不要隐瞒孩子的任何事情。
③ 既然有脑袋，就应该思考。
④ 既然是书，就应该读。
⑤ 既然是战争，就会有危险。

练习21
① На то ты и мать, что́бы смотре́ть за детьми́.
② На то ты и писа́тель, что́бы писа́ть.
③ На то ты и ма́стер, что́бы учи́ть ученико́в.
④ На то ты и студе́нт, что́бы учи́ться.
⑤ На то ты и вое́нный, что́бы подчиня́ться прика́зу.

练习22 ① D ② H ③ I ④ A ⑤ B ⑥ C ⑦ F ⑧ E ⑨ G

练习23
① Гру́бо говоря́, меня́ не интересу́ет поли́тика.
② Ина́че говоря́, всё смешно́.
③ Со́бственно говоря́, засто́лье Пра́здника Весны́ ма́ло чем отлича́ется от други́х пра́здничных засто́лий.
④ По пра́вде говоря́, мне э́то да́же в го́лову не приходи́ло.
⑤ Стро́го говоря́, на́ша страна́ отно́сится к числу́ развива́ющихся стран.

练习24
① Мне есть куда́ пое́хать.
② Мне бы́ло с кем посове́товаться.
③ Мне бу́дет где занима́ться.
④ Мне есть о ком забо́титься.
⑤ Есть кому́ забо́титься о сироте́.

练习25　①чем　②к комý　③комý　④с кем　⑤с кем　⑥где　⑦кудá　⑧когдá　⑨чем　⑩о ком

练习26　①A　②A　③D　④B　⑤D　⑥C　⑦B　⑧A　⑨D　⑩A

练习27　文艺语体, 多语体性, 形象性, 个性, 作者风格

练习28　①②③④⑤都正确

Урок 3

一、词 汇

练习1 为下列词语选择正确的解释。

1 нагря́нуть _____

2 потрепа́ть _____

3 тяга́ться _____

4 назва́нивать _____

5 возда́ться _____

6 упере́ться _____

7 отби́ть _____

8 попере́ть _____

9 обрести́ _____

10 откли́кнуться _____

A. сопе́рничать, состяза́ться в чём-н.

B. о вознагражде́нии и́ли возме́здии: наступи́ть, осуществи́ться

C. неожи́данно появи́ться

D. отве́тить на зов, обраще́ние

E. заста́вить кого́-н. не́рвничать

F. мно́го и насто́йчиво звони́ть

G. привле́чь к себе́

H. нача́ть пере́ть

I. пло́тно опере́ться ча́стью те́ла и́ли концо́м како́го-н. предме́та

J. найти́, получи́ть

43

二、课文和言语训练

练习2　将下列词组翻译成汉语。

мимолётный взгляд　_____

электри́ческий и́мпульс　_____

войти́ в подсозна́ние　_____

измени́ть устоя́вшимся при́нципам　_____

закры́ть глаза́ на суще́ственные недоста́тки

_____

потрепа́ть не́рвы окружа́ющим　_____

мифи́ческие чу́вства　_____

отсу́тствие насто́йчивости　_____

храни́ть оча́г　_____

взять измо́ром　_____

вну́тренняя систе́ма це́нностей　_____

чу́вство со́бственного досто́инства　_____

ска́тертью доро́жка　_____

навя́зчивая деви́ца　_____

взять нахра́пом　_____

наси́льно измени́ть положе́ние веще́й　_____

упере́ться как бара́н　_____

отби́ть мужика́　_____

неотъе́млемое усло́вие гармони́чного существова́ния

_____

го́лый расчёт　_____

годи́ться в отцы́　_____

роско́шные тря́пки　_____

обречён на прова́л　_____

увяда́ющая жена́　_____

мора́льная пози́ция　_____

перебива́ться от стипе́ндии к стипе́ндии　_____

练习3 将下列词或词组翻译成俄语。

至少 _____

异性 _____

相信自己力量的人 _____

减压 _____

增强免疫力 _____

默默走开 _____

给对手腾出位置 _____

竭尽全力争取 _____

赢得爱情 _____

留住爱情 _____

守住爱情 _____

耗费大量精力 _____

过几年 _____

丝毫（不） _____

富商 _____

修熨斗 _____

自古以来 _____

懂得自身价值 _____

相信命运 _____

命中注定和心爱的人在一起 _____

不体面的行为 _____

卑鄙的行为 _____

把幸福建立在别人的不幸上 _____

四下环顾 _____

懒得做这事 _____

和妻子离婚 _____

千方百计证明 _____

极好的家庭 _____

取决于客观情况 _____

影响她的选择 _____

自愿的决定 _____

单身生活　　　　　＿＿＿＿＿＿＿＿＿＿＿＿＿＿＿

得到幸福　　　　　＿＿＿＿＿＿＿＿＿＿＿＿＿＿＿

理想的婚姻　　　　＿＿＿＿＿＿＿＿＿＿＿＿＿＿＿

富裕的家庭　　　　＿＿＿＿＿＿＿＿＿＿＿＿＿＿＿

妨碍幸福　　　　　＿＿＿＿＿＿＿＿＿＿＿＿＿＿＿

保障未来　　　　　＿＿＿＿＿＿＿＿＿＿＿＿＿＿＿

唾沫四溅地　　　　＿＿＿＿＿＿＿＿＿＿＿＿＿＿＿

娶自己的同龄人　　＿＿＿＿＿＿＿＿＿＿＿＿＿＿＿

追求美丽　　　　　＿＿＿＿＿＿＿＿＿＿＿＿＿＿＿

去迪厅　　　　　　＿＿＿＿＿＿＿＿＿＿＿＿＿＿＿

频繁的冲突　　　　＿＿＿＿＿＿＿＿＿＿＿＿＿＿＿

寻求妥协　　　　　＿＿＿＿＿＿＿＿＿＿＿＿＿＿＿

妨碍共同生活　　　＿＿＿＿＿＿＿＿＿＿＿＿＿＿＿

莫斯科户口　　　　＿＿＿＿＿＿＿＿＿＿＿＿＿＿＿

站在后台　　　　　＿＿＿＿＿＿＿＿＿＿＿＿＿＿＿

练习4　将括号里的词组翻译成俄语。

❶ Лю́ди и́щут обще́ния и́менно с представи́телями противополо́жного по́ла, ＿＿＿＿＿＿＿＿＿（不论他们在哪儿）.

❷ А кто вам ＿＿＿＿＿＿＿＿＿（保证）, что то, за что вы ＿＿＿＿＿＿＿＿＿（奋斗）, – действи́тельно любо́вь?

❸ Борьба́ за мифи́ческие чу́вства ви́дится мне каки́м-то ＿＿＿＿＿＿＿＿＿（蠢事）.

❹ Был спортсме́н ＿＿＿＿＿＿＿＿＿（专业的）, и бизнесме́н ＿＿＿＿＿＿＿＿＿（富有的）.

❺ Не́которые ве́щи, те, кото́рые бы́ли ＿＿＿＿＿＿＿＿＿（为……所固有）на́шим пре́дкам, ＿＿＿＿＿＿＿＿＿（留在血脉中）и у совреме́нного челове́ка.

❻ ＿＿＿＿＿＿＿＿＿（低三下四）, иска́ть ＿＿＿＿＿＿＿＿＿（会面）, ＿＿＿＿＿＿＿＿＿（不停地打电话）, пыта́ться привле́чь и́ли заинтересова́ть – э́то не для меня́.

❼ Норма́льный мужи́к от тако́й постара́ется ＿＿＿＿＿＿＿＿＿（尽力摆脱）.

❽ ＿＿＿＿＿＿＿＿＿（况且）, челове́ку всегда́ ＿＿＿＿＿＿＿＿＿（得

到报答）за то, что он совершáет.

⑨ Рáно и́ли пóздно дóброе и́ли злóе дéло _____（再现）в твоéй _____（各人的生活）.

⑩ Онá _____（破坏了别人的家庭）, э́то пóдлый постýпок.

⑪ Прóсто _____（懒于）э́то дéлать. Тем бóлее я _____（宿命论者）и считáю, что прóтив судьбы́ не _____（往前走）.

⑫ _____（假定）, меня́ полюби́л женáтый человéк и _____（离婚了）из-за э́того со своéй женóй, я не бýду считáть, что _____（夺走了）егó.

⑬ Отношéния в обеспéченной семьé _____（建立在信任、爱和相互理解上）.

⑭ Другие скéптики, _____（讥笑）, говоря́т, что страсть _____（熊熊燃烧）и _____（熄灭）.

⑮ Он реши́л на тебé жени́ться, чтóбы репертуáр получи́ть _____（无偿地）.

练习5　把括号里的词变成适当形式填空，如需要加前置词。

① На протяжéнии _____ (своя́ жизнь) человéк непремéнно встречáется с таки́ми чýвствами, как _____ (симпáтия, влюблённость, любóвь).

② Рáди э́того ты готóва _____ (всё).

③ Муж измени́л _____ (своя́ женá).

④ Он влюби́лся _____ (молодáя дéвушка).

⑤ Нóвые прия́тные знакóмства дéлают человéка бóлее увéренным _____ (свои си́лы).

⑥ Враги́ обреченьı́ _____ (ги́бель).

⑦ Мы знáем, что дéвочки опережáют _____ (мáльчики) в своём развити́и.

⑧ Я вéру _____ (судьбá).

⑨ _____ (Метáлл) присýщ блеск.

⑩ _____ (Я) лень э́то дéлать.

练习6 造句。

таќой..., как... _____

изменить чему́ _____

на са́мом де́ле _____

обре́чь (обречённый) _____

ни при чём _____

на по́чве чего́ _____

к о́бщему знамена́телю прийти́ _____

вряд ли _____

ра́но и́ли по́здно _____

练习7 把下列句子翻译成汉语。

➊ У нас, как изве́стно, на 10 девчо́нок, по стати́стике, 9 ребя́т.

_____

➋ Любы́е уха́живания происхо́дят по определённым пра́вилам: мужчи́на вся́чески добива́ется же́нщины, а она́ де́лает вид, что ни ка́пли им не интересу́ется.

_____

➌ По стати́стике, е́сли муж ста́рше жены́ на 2-5 лет, таки́е бра́ки бо́лее стаби́льны. Почему́? Отве́т на э́тот вопро́с кро́ется в на́шей физиоло́гии. Все мы зна́ем, что де́вочки опережа́ют ма́льчиков в своём разви́тии, поэ́тому к моме́нту заключе́ния бра́ка э́та неви́димая ра́зница стира́ется.

_____

_____

➍ На мой взгляд, всё э́то – исключи́тельно го́лый расчёт и ничего́ бо́льше. Как мо́жет молода́я краси́вая де́вушка люби́ть мужика́, годя́щегося ей в отцы́?!

_____

_____

⑤ Бра́ки с большо́й ра́знецей в во́зрасте уже́ не ре́дкость, но в о́бществе к таки́м сою́зам отно́сятся весьма́ неоднозна́чно. Если ра́зница в во́зрасте составля́ет бо́лее 10 лет, то окружа́ющие не то́лько негати́вно воспринима́ют э́тот факт, но и счита́ют, что тако́й сою́з до́лго не проде́ржится!

_____

_____

⑥ Тепе́рь до́чка поняла́ гла́вное: на чужо́й беде́, как ни бана́льно э́то звучи́т, своего́ сча́стья не постро́ишь.

_____

_____

⑦ Как ви́дите, бра́ки с большо́й ра́зницей в во́зрасте име́ют свои́ плю́сы и ми́нусы, и ме́жду тем, как пока́зывает жизнь, мно́гие несмотря́ ни на что смогли́ сохрани́ть свои́ счастли́вые отноше́ния. Приме́ров э́тому ма́сса.

_____

_____

_____

⑧ Я уве́рен, найду́тся лю́ди, кото́рые с пе́ной у рта бу́дут дока́зывать, что я не прав, что расчёт тут ни при чём.

_____

_____

⑨ Если, допу́стим, меня́ полюби́л жена́тый челове́к и развёлся из-за э́того со свое́й жено́й, я не бу́ду счита́ть, что отби́ла его́. Это он сам "отби́лся" и пришёл ко мне. А когда́ же́нщины специа́льно де́лают всё, что́бы оторва́ть мужчи́ну от кого́-то, вряд ли мо́жет получи́ться что́-то хоро́шее.

_____

_____

_____

⑩ Норма́льный мужи́к от тако́й де́вушки постара́ется отде́латься любы́ми спо́собами. Прили́чная де́вушка, зна́ющая себе́ це́ну, никогда́ не забу́дет о свое́й го́рдости.

_____

_____

练习8 把下列句子翻译成俄语。

1 我曾结过婚，现在过单身生活，偶尔谈一场短暂的恋爱。

2 很难达成共识。

3 自古以来都认为男主外，女主内。尽管有妇女解放运动，但大多数家庭的建立的原则仍是如此。

4 统计表明：在俄罗斯，妻子在年龄上相当于丈夫女儿的婚姻越来越常见。

5 因为年龄差异，我们之间总存在着绊脚石——兴趣不同。

6 真正的爱情能够战胜一切。有不少幸福的夫妇，他们年龄相差 20 岁甚至更大。

7 25 岁时女性常常会因为爱情而结婚，而不是因为贪图利益。

8 如果一个人如此轻松地忘掉第一次婚姻，谁又能确信他不会很快就厌倦第二次婚姻呢？

9 我认为，她嫁给他只是为了莫斯科户口。

10 追她的人一大群。但我并不服输——我手捧花束接她下班，白天用电子邮件给她写情书，给她妈妈修电熨斗。最终，在众多追求者中她选择了我，但一开始我觉得，我和他们没什么可竞争的。

练习9 以«Моя пе́рвая любо́вь»为题，写一篇俄语作文，不少于300词。

三、构词、语法、成语、修辞

练习10　选择下列同根词的词义。

1. вступи́ть во что　_____
2. вы́ступить с чем　_____
3. отступи́ть　_____
4. обступи́ть что　_____
5. подступи́ть　_____
6. проступи́ть　_____
7. поступи́ть　_____
8. наступи́ть　_____
9. уступи́ть что кому́　_____
10. переступи́ть что (че́рез что)　_____
11. приступи́ть к чему́　_____

A. 跨过，迈过

B. (时间、现象、事件等) 来到

C. 着手，动手

D. 后退

E. 站在……周围，围住

F. 加入，参加 (某组织) 成为……的成员

G. 发言，演说；演出，表演

H. 让出，让给；逊色于

I. 显出，露出

J. (如何) 行事，做事，处事；进 (学校、工厂等)

K. 踩上，踏上；来临

练习11　把下列句子翻译成俄语。

1. 哥哥去年入了党，弟弟今年入了团。

_____

2. 表弟考入了工业大学，表妹进了化工厂上班。

_____

❸ 我的导师在会上发了言。

_____

❹ 考期快开始了，该着手准备考试了。

_____

❺ 他迈过门槛，踩到了我的脚。

_____

❻ 他像我建议的那样做了。

_____

❼ 他给老人让了座。

_____

❽ 虽然我比大家都年轻，但在知识上不逊色于自己的同事。

_____

❾ 春天来了。

_____

❿ 老师向后退了两步。

_____

练习12 选择下列同根词的词义。

❶ разби́ть что   _____

❷ проби́ть что   _____

❸ уби́ть кого́   _____

❹ отби́ть что   _____

❺ приби́ть что   _____

❻ заби́ть что   _____

❼ наби́ть что чем   _____

❽ переби́ть кого́   _____

❾ вы́биться

❿ отби́ться от чего́（отби́ться от рук）

_____

⓫ сби́ться с чего́

A. 摆脱（不再听话，不再服从）

B. 打断（某人的话、发言等）

C. 偏离方向，迷路

D. 打死

E. ①打掉，砸下 ②挡回，打回

F. 打碎，打破

G.（球类运动中）打进，踢进，射进

H.（用钉子）钉上，钉住

I. 打通，穿孔，开洞

J. 挤出，冲出，挣脱

K. 塞满，装满

练习13 把下列句子翻译成汉语。

❶ Сын разбил очки по рассеяности.

_____

❷ Рабочие пробили тоннель, чтобы построить метро.

_____

❸ На последней минуте нападающий команды забил решающий гол в ворота противника.

_____

❹ Нельзя перебивать говорящего.

_____

❺ У сына переходный возраст, он совсем отбился от рук.

_____

❻ В тайге легко сбиться с пути.

_____

❼ Он набил чемодан книгами и вещами.

_____

❽ На войне солдат убил немцев.

_____

❾ Вратарь отбил мяч от ворот на середину футбольного поля.

_____

❿ К концу похода я совсем выбился из сил.

_____

练习14 把下列词组（句子）翻译成汉语。

отде́латься от дома́шних хлопо́т _____

отде́латься от э́того челове́ка _____

отде́латься обеща́ниями _____

отде́латься цара́пиной _____

отде́латься испу́гом _____

Ту́фли не годя́тся. _____

де́ти состоя́тельных роди́телей _____

состоя́тельное мне́ние _____

роско́шный обе́д _____

роско́шный о́браз жи́зни _____

роско́шный край _____

роско́шная приро́да _____

роско́шные цветы́ _____

роско́шный го́лос _____

练习15 选择下列同根词的词义。

1 де́лать вид _____

2 изо всех сил _____

3 по кра́йней ме́ре _____

4 ска́тертью доро́га _____

5 как ни бана́льно э́то звучи́т _____

A. 装作   B. 竭尽全力   C. 至少

D. 一路顺风   E. 尽管是老生常谈

练习16 造句。

де́лать вид _____

изо всех сил _____

по крайней ме́ре _____

ска́тертью доро́га _____

как ни бана́льно э́то звучи́т _____

练习17 选择下列同根词的词义。

1 смея́ться до слёз　　　　　_____

2 вы́пить до дна　　　　　　_____

3 тро́нуть до слёз　　　　　_____

4 рабо́тать до седьмо́го по́та　_____

5 красне́ть до уше́й　　　　_____

6 боро́ться до после́дней ка́пли кро́ви　_____

7 перепо́лненный до отка́за　_____

8 пре́данный до конца́　　　_____

9 ну́жный до заре́зу　　　　_____

10 промо́кнуть до после́дней ни́тки　_____

11 чи́стить до бле́ска　　　　_____

12 сжать до бо́ли　　　　　　_____

13 измени́ться до неузнава́емости　_____

14 спо́рить до хрипоты́　　　_____

15 загрузи́ть до преде́ла　　_____

16 напо́лнить до краёв　　　_____

17 улыба́ться до уше́й　　　　_____

18 уста́лый до упа́ду　　　　_____

A. 笑到流泪　　　　　　　　B. 脸红到耳根

C. 非常需要的　　　　　　　D. 挤得满满的

E. 咧嘴大笑　　　　　　　　F. 充满

G. 装满　　　　　　　　　　H. 吵得声音嘶哑

I. 累得精疲力竭　　　　　　J. 浑身湿透

K. 工作得精疲力竭（汗流浃背）　L. 奋斗到最后一滴血

M. 干杯　　　　　　　　　　N. 擦得锃亮

O. 把……感动得流泪　　　　P. 用力挤压

Q. 变化得认不出来　　　　　R. 彻底忠诚的

练习18 判断下面有关口语体的说法是否正确，不正确的请改错。

1 日常口语除通用词之外，常使用带有鲜明口语特征的词汇、成语，如：

малыш（小孩），пока（再见）。

_____

_____

❷ 使用带有主观评价后缀，即带指大、指小、表卑、表爱的后缀的词是口语的一大特点，如：дом（房子）— дóмик（小房子）— домúще（大房子）。

_____

_____

❸ 在日常口语中常使用特殊的句法结构称谓人或物，如：В очкáх зовёт тебя.（一个戴眼镜的人叫你。）

_____

_____

❹ 在口语中常使用新的呼语形式，如：Мам, я пошёл!（妈妈，我走啦！）

_____

❺ 口语中主谓语常使用意义上一致，如：Секретáрь вышла.（女秘书出去了。）

_____

练习19　**判断下列句子是否属于口语体。**

❶ Мам, где ты?

_____

❷ Ребя́та, э́то вы куда́ идёте?

_____

❸ Третьякóвку я ужé посетúл.

_____

❹ Я живу́ в дерéвне, находя́щейся недалекó от Харбúна.

_____

❺ Возвраща́ясь домóй, я встрéтил ста́рого дру́га.

_____

❻ Хóлодно, вéтер потому́ что.

_____

❼ Я тетра́дь взяла́, запи́сывать чтóбы.

_____

❽ Дéлай что хóчешь.

_____

⑨ Брат поступи́л в медици́нский.

_____

⑩ Я сейча́с к тебе́.

_____

四、日积月累

Всё хорошо́, что хорошо́ конча́ется. 结局好，就什么都好。

Вы́ше головы́ не пры́гнешь. 超出自己力量的事是办不到的。

五、国情点滴

俄罗斯幅员辽阔，东西两端时差很大，2011 年经过调整，将原来的 11 个时区重新划分为 9 个时区。

2011 年 3 月 27 日，在时任俄罗斯总统梅德韦杰夫的支持下，全国各时区将时钟拨快 1 小时，这是俄罗斯历史上最后一次调整时间。以后，俄罗斯将永久使用夏令时，取消冬令时。现在莫斯科与北京时差是 4 小时。

六、练习答案

练习1 ① C ② E ③ A ④ F ⑤ B ⑥ I ⑦ G ⑧ H ⑨ J ⑩ D

练习2 一瞥, 电脉冲, 进入潜意识, 违背既定原则, 对缺点视而不见, 刺激周围人的神经, 神奇的感觉, 不够坚持, 守住家园, 纠缠不休, 内在价值观, 自尊, 请便, 死缠烂打的女孩, 蛮横无理地获取, 强行改变状况, 像山羊一样固执, 把男人抢过来, 和谐生存的必要条件, 纯粹的算计, 适合做父亲, 各种阔气的衣服, 注定失败, 逐渐衰老的妻子, 道德观念, 靠助学金勉强度日

练习3 по кра́йней ме́ре, противополо́жный пол, уве́ренный в свои́х си́лах челове́к, снима́ть стресс, укрепи́ть иммуните́т, мо́лча отойти́ в сто́рону, освободи́ть ме́сто сопе́рнику, боро́ться изо всех сил, завоева́ть любо́вь, сохрани́ть любо́вь, удержа́ть любо́вь, потра́тить ма́ссу эне́ргии, че́рез па́ру лет, ни ка́пли (не), состоя́тельный бизнесме́н, почини́ть утю́г, испокóн векóв, знать себé цéну, вéрить в судьбý, предначéртано быть рáдом с люби́мым, неблагови́дный постýпок, пóдлый постýпок, стрóить счáстье на чужóй бедé, оглянýться вокрýг, лень это дéлать, развести́сь с женóй, докáзывать рáзными спóсобами, клáссная семья́, зави́сеть от обстоя́тельств, влия́ть на её вы́бор, добровóльное решéние, жить холостякóм, обрести́ счáстье, идеáльный брак, обеспéченная семья́, помéха счáстью, обеспéчить бýдущее, с пéной у рта, женáт на своéй одногóдке, тянýться к красотé, похóд на дискотéки, чáстые конфли́кты, найти́ компроми́сс, помéха совмéстной жи́зни, москóвская пропи́ска, стоя́ть за кули́сами

练习4

1. где бы они́ ни находи́лись
2. даст гарáнтию, бóретесь
3. идиоти́змом
4. профессионáльный, состоя́тельный
5. прису́щи, остáлись в крови́
6. Унижáться, встрéчи, назвáнивать
7. отдéлаться любы́ми спóсобами
8. Бóлее тогó, воздаётся
9. откли́кнется, сóбственной жи́зни
10. разрýшила чужу́ю семью́
11. лень, фатали́ст, попрёшь
12. Допýстим, развёлся, отби́ла
13. пострóены на довéрии, любви́ и взаимопонимáнии
14. ухмыля́ясь, пылáет, потýхнет
15. на халя́ву

练习5

1. своéй жи́зни, симпáтия, влюблённость, любóвь
2. на всё
3. своéй женé
4. в молодýю дéвушку
5. в свои́х си́лах
6. на ги́бель
7. мáльчиков
8. в судьбý
9. Метáллу
10. Мне

练习7

1. 众所周知,据统计在我们这儿女孩和男孩比例是10:9。
2. 任何的殷勤都遵循一定的规律:男人千方百计想讨好女人,女人则装作对该男人一点儿都不感兴趣。

③ 据统计，如果丈夫比妻子大2—5岁，这样的婚姻更稳定。为什么? 答案就隐藏在我们的生理状况里。我们都知道，女孩比男孩发育早，因此在结婚时这种看不见的差距就抵消了。

④ 依我看，这就是赤裸裸的贪图利益，仅此而已。一个年轻漂亮的女子怎么会爱上一个可以做他父亲的男人呢?

⑤ 夫妻双方有年龄差距已不罕见，但社会对这样的结合看法并不一致。如果年龄差距超过10岁，周围的人就会对该事实持否定态度，甚至会认为，这样的婚姻并不能维持长久。

⑥ 现在在女儿明白了一件重要的事情: 无论听起来有多老生常谈，不要把自己的幸福建立在别人的痛苦之上。

⑦ 正如所见，夫妻双方年龄差距大的婚姻有优点也有缺点，但生活表明，尽管如此许多婚姻还是保持幸福的关系。这样的例子很多。

⑧ 我相信，一定会有一些人口若悬河地证明我不对，证明这与贪图利益无关。

⑨ 如果一个已婚男人爱上了我并因此与自己的妻子离了婚，我不会认为是我抢走了他。这是他自己移情别恋到我身边。但当女人千方百计想把一个男人从谁身边抢走，未必就会有好的结果。

⑩ 正常的男人会想尽办法摆脱那样的女孩。文雅的女孩了解自身的价值，从不会忘记自己应有的傲气。

练习8

① Я был женáт, развёлся, тепéрь живý холостякóм, врéмя от врéмени случáются непродолжительные ромáны.

② К óбщему знаменáтелю прийти бы́ло óчень тяжелó.

③ Испокóн векóв при́нято, что мужчи́на убивáет мáмонтов, а жéнщина храни́т очáг. И, несмотря́ на эмансипáцию, большинствó семéй стрóится и́менно по такóму при́нципу.

④ Стати́стика говори́т, что в Росси́и всё учащáются слýчаи брáков, когдá женá годи́тся мýжу в дóчери.

⑤ На пóчве рáзницы в вóзрасте у нас всегó оди́н кáмень преткновéния – рáзность интерéсов.

⑥ Настоя́щая любóвь спосóбна всё переси́лить. Существýет немáло счастли́вых пар, рáзница в вóзрасте котóрых составля́ет 20 лет и бóлее.

⑦ В 25 лет жéнщины чáще идýт в брак по любви́, чем по прямóму расчёту.

⑧ Éсли человéк с такóй лёгкостью забы́л о своём пéрвом брáке, рáзве мóжно быть увéренным, что в скóром врéмени емý не надоéст вторóй?

⑨ Я счита́ю, что она́ вы́шла за́муж за него́ то́лько ра́ди моско́вской про́писи.

⑩ У неё покло́нников была́ це́лая толпа́. Но я не сдава́лся – ка́ждый день встреча́л её с рабо́ты с огро́мным буке́том, днём пи́сьма о любви́ по электро́нной по́чте отправля́л, ма́ме её утю́г почини́л. И в ито́ге она́ из всех претенде́нтов меня́ вы́брала, а понача́лу каза́лось, что мне с ни́ми тяга́ться не́чего.

练习10
① F ② G ③ D ④ E ⑤ B ⑥ I
⑦ J ⑧ K ⑨ H ⑩ A ⑪ C

练习11
① В про́шлом году́ ста́рший брат вступи́л в па́ртию, а в э́том году́ мла́дший брат вступи́л в комсомо́л.

② Двою́родный брат поступи́л в техни́ческий университе́т, а двою́родная сестра́ поступи́ла на хими́ческий заво́д.

③ Мой нау́чный руководи́тель вы́ступил с ре́чью на собра́нии.

④ Ско́ро начина́ется экзаменацио́нная се́ссия, пора́ приступи́ть к подгото́вке к экза́менам.

⑤ Он переступи́л поро́г и наступи́л мне на́ ногу.

⑥ Он поступи́л так, как я посове́товал.

⑦ Он уступи́л ме́сто старику́.

⑧ Хотя́ я моло́же всех, но в зна́ниях я не уступа́ю свои́м това́рищам.

⑨ Весна́ наступи́ла.

⑩ Преподава́тель отступи́л на два шага́.

练习12
① F ② I ③ D ④ E ⑤ H ⑥ G
⑦ K ⑧ B ⑨ J ⑩ A ⑪ C

练习13
① 儿子不小心打破了眼镜。
② 为了建地铁，工人打通隧道。
③ 最后一分钟球队的前锋向对方的球门踢进关键的一球。
④ 不要打断说话者。
⑤ 儿子处于青春期，很不听话。
⑥ 森林里很容易迷路。
⑦ 他的箱子塞满了书和其它东西。
⑧ 战场上战士打死了很多德国士兵。
⑨ 守门员把球从球门踢回中场。
⑩ 走到最后我筋疲力尽。

练习14 摆脱家庭琐事，摆脱这个人，用承诺敷衍，受轻伤，虚惊一场，鞋不合适。富家子弟，理据充分的意见，讲究的午餐，奢华的生活方式，富饶的地方，富庶的大自然，鲜艳的花朵，动听的嗓音

练习15 ① A ② B ③ C ④ D ⑤ E

练习17 ① A ② M ③ O ④ K ⑤ B ⑥ L ⑦ D ⑧ R ⑨ C
⑩ J ⑪ N ⑫ P ⑬ Q ⑭ H ⑮ G ⑯ F ⑰ E ⑱ I

练习18 ①②③④⑤均正确

练习19 ①②③⑥⑦⑧⑨⑩属于口语体，④⑤不是口语体

一、词 汇

练习1 为下列词语选择正确的解释。

① ознаменова́ться　_____

② отра́виться　_____

③ изба́вить　_____

④ уныва́ть　_____

⑤ аккумули́ровать　_____

⑥ укороти́ть　_____

⑦ оповести́ть　_____

⑧ предопредели́ть　_____

⑨ разгрузи́ть　_____

⑩ курси́ровать　_____

A. заболе́ть и́ли умере́ть в результа́те возде́йствия на органи́зм ядови́тых веще́ств

B. де́лать коро́че

C. стать примеча́тельным, всле́дствие чего́-н.

D. извести́ть

E. накопи́ть

F. быть уны́лым, впада́ть в уны́ние

G. спасти́, дать избе́гнуть чего́-н.

H. освободи́ть от чего́-н. чрезме́рного, от ча́сти возло́женной рабо́ты

I. зара́нее определи́ть, обусло́вить

J. соверша́ть регуля́рные пое́здки, ре́йсы по определённому направле́нию

二、课文和言语训练

练习2 将下列词组翻译成汉语。

негати́вное возде́йствие на о́бщество _____

манёвренность автомоби́льного тра́нспорта

_____

отрабо́та́вшие га́зы _____

шумово́е загрязне́ние _____

обы́чный седа́н _____

припарко́ва рядко́м _____

нара́щивание па́рка авто́бусов _____

возду́шный бассе́йн _____

многообеща́ющий прое́кт _____

скоростно́й трамва́й _____

сбра́сывать со счето́в _____

отравля́ть во́здух _____

удлинённость маршру́тных ли́ний _____

легковы́е автомоби́ли _____

монорельсы _____

ре́льсовый внеу́личный тра́нспорт _____

тра́нспорт на электри́ческой тя́ге _____

отде́лка ста́нций _____

трёхкратный воздухообме́н _____

при́городная тра́сса _____

автомоби́льная развя́зка _____

надзе́мный перехо́д _____

подзе́мный перехо́д _____

练习3 将下列词或词组翻译成俄语。

20 世纪下半叶 _____

矛盾的趋势 _____

发展潜力 _____

居民需求　　　　　_____

运输货物　　　　　_____

分散人流　　　　　_____

远途旅游　　　　　_____

严重塞车　　　　　_____

有害物质　　　　　_____

公路网　　　　　　_____

汽车化水平　　　　_____

引起，招致　　　　_____

过度扩大　　　　　_____

液体燃料　　　　　_____

环保要求　　　　　_____

交通工具　　　　　_____

污染环境　　　　　_____

节省燃料　　　　　_____

送货　　　　　　　_____

在很大程度上　　　_____

使用强度　　　　　_____

运送乘客　　　　　_____

铺设地铁线路　　　_____

地面交通工具　　　_____

白白耗费　　　　　_____

练习4　**将括号里的词组翻译成俄语。**

❶ С одно́й стороны́, _____（已达到的程度）автомобилиза́ции, отража́я _____（技术经济潜力）разви́тия о́бщества, спосо́бствовал удовлетворе́нию _____（社会需求）населе́ния, а с друго́й стороны́ – обусло́вил _____（扩大规模）негати́вного возде́йствия на о́бщество и _____（环境）.

❷ В то же вре́мя он вы́звал и мно́гие _____（负面现象）: в большо́м го́роде наблюда́ются серьёзные _____（塞车）, в час-пик в осо́бенности.

❸ Хотя́ _____（采取措施）, но, без _____（限制措施）

обойти́сь не уда́стся.

④ Трамва́й, тролле́йбус и метро́ по́лностью _____（ 符合生态需求 ）. Курси́руя по го́роду, они́ не _____（ 污染 ）возду́шный бассе́йн.

⑤ У трамва́я свои́ _____（ 优缺点 ）, тре́буются дово́льно _____（ 大笔投资 ）при _____（ 修建 ）но́вых трасс.

⑥ Он эконо́мичнее авто́буса, ме́ньше _____（ 消耗能源 ）, надёжней и про́ще в эксплуата́ции, не пожира́ет кислоро́д и не _____（ 毒化 ）во́здух _____（ 废气 ）.

⑦ В Моско́вском метрополите́не устано́влены _____（ 视频监控系统 ）. Телевизио́нные _____（ 摄像机 ）, устано́вленные в ваго́не, _____（ 记录并保留 ）в архи́ве _____（ 镜头 ）того́, что происхо́дит в ваго́не.

⑧ Да́же са́мые я́рые проти́вники _____（ 类似新规定 ）сего́дня _____（ 不得不承认 ）: ме́ра отча́сти реши́ла _____（ 痼疾 ）.

⑨ Введе́ние пла́тного въе́зда обеспе́чивает _____（ 减轻负担 ）у́лично-доро́жной се́ти це́нтра го́рода на 15-30% со все́ми вытека́ющими _____（ 好处 ）для усло́вий движе́ния и эколо́гии го́рода.

⑩ Мо́жно та́кже акти́вно развива́ть строи́тельство _____（ 地下停车场 ）— что с переме́нным успе́хом и де́лается.

练习5　**把括号里的词变成适当形式填空, 如需要加前置词。**

① Нача́ло второ́й полови́ны XX столе́тия ознаменова́лось _____ (проце́сс) автомобилиза́ции о́бщества.

② _____ (Мы) предстои́т больша́я пробле́ма.

③ Никаки́е ме́ры не смо́гут изба́вить _____ (Москва́) _____ (про́бки).

④ Они́ должны́ са́ми захоте́ть отказа́ться _____ (маши́ны) в по́льзу _____ (назе́мный пассажи́рский тра́нспорт).

⑤ Существу́ющие сре́дства назе́много пассажи́рского тра́нспорта не успева́ют удовлетворя́ть потре́бности _____ (перемеще́ние) бы́стро расту́щего населе́ния городо́в.

⑥ В Росси́и _____ (до́ля) трамва́я прихо́дится лишь 13% пассажироперево́зок.

⑦ У видеока́мер, устано́вленных на ста́нциях, есть ещё одна́ фу́нкция – управле́ние _____ (рабо́та) ста́нций.

⑧ Он лиши́лся _____ (води́тельские права́).

⑨ Студе́нты должны́ отвеча́ть _____ (свои́ посту́пки).

⑩ Разви́тие эконо́мики удовлетворя́ет _____ (потре́бности) населе́ния.

练习6 造句。

к приме́ру _____

изба́вить _____

удовлетворя́ть _____

приходи́ться на что _____

исходи́ть из чего́ _____

из чего́ вытека́ет, что... _____

лиши́ться _____

练习7 把下列句子翻译成汉语。

① Под влия́нием вре́дного возде́йствия автомоби́льного тра́нспорта ухудша́ется здоро́вье люде́й, отравля́ются по́чвы и водоёмы, страда́ет расти́тельный и живо́тный мир.

_____

_____

② Из вышеска́занного вытека́ет, что отде́льными ме́рами тра́нспортной пробле́мы не реши́ть.

_____

③ При э́том и к сами́м доро́гам прете́нзий мно́го: плохо́е ка́чество, неудо́бные автомоби́льные развя́зки, отсу́тствие надзе́мных, подзе́мных перехо́дов (мно́го светофо́ров) и объездны́х доро́г для грузовико́в.

_____

_____

④ Та́кже ну́жно реша́ть пробле́му со светофо́рами, "горя́щими" кра́сным в отсу́тствии пешехо́дов, – оптимизи́ровать их рабо́ту. Как вариа́нт бессветофо́рного движе́ния – стро́ить подзе́мные перехо́ды.

⑤ Пра́ктика пока́зывает, что до 70-80% всех автомоби́лей име́ют "на борту́" то́лько одного́ води́теля. Если он бу́дет подвози́ть до рабо́ты своего́ сосе́да (сосе́дей), таки́х же води́телей, то про́бок бу́дет куда́ ме́ньше.

⑥ Реши́ть пробле́му с парко́вками мо́жет максима́льное затрудне́ние парко́вки автомоби́ля в определённых "стратеги́ческих" места́х путём высо́ких тари́фов и́ли запре́тов. В э́том слу́чае води́тели бу́дут оставля́ть маши́ны у себя́ в гаража́х, добира́ясь до ме́ста, наприме́р, обще́ственным тра́нспортом.

⑦ Ну́жно акти́вно развива́ть систе́му обще́ственного тра́нспорта: пуска́ть на ли́нии авто́бусы большо́й вмести́мости. Та́кже необходи́мо в города́х, где ширина́ у́лиц э́то позволя́ет, устана́вливать приорите́тные по́лосы для обще́ственного тра́нспорта, с тем, что́бы авто́бусы могли́ ходи́ть по расписа́нию.

⑧ Тем не ме́нее сле́дует исходи́ть из того́, что в города́х-миллионе́рах тра́нспортная пробле́ма мо́жет быть радика́льно решена́ то́лько с по́мощью широко́ ра́звитой се́ти метрополите́на.

⑨ Причи́ну э́того а́вторы ви́дят в том, что автомоби́ли потребля́ют в совоку́пности гора́здо бо́льше то́плива, и сле́довательно, произво́дят бо́льше углеки́слого га́за.

⑩ За после́днее десятиле́тие в США при́нято ряд законода́тельных а́ктов, в кото́рых са́мое при́стальное внима́ние уделя́ется пробле́ме улучше́ния экологи́ческой обстано́вки в города́х и населённых пу́нктах.

_____

_____

练习8 把下列句子翻译成俄语。

❶ 大城市道路及郊区干线汽车拥堵问题成为前所未有的现实问题。

_____

❷ 无轨电车、有轨电车、地铁使用电作为"燃料"，这完全符合生态要求。

_____

❸ 在专用车道上行驶平均罚款是 35 欧元，如果闹到法院，可能会吊销驾照。

_____

❹ 根据世界卫生组织的数据，汽车排放物平均缩短寿命 4 岁，儿童的死亡率增加 1%。

_____

❺ 现代的城市人从小就习惯了汽车尾气的味道，以至于当他在呼吸有毒气体的时候都已经无法察觉。

_____

_____

❻ 在欧洲许多国家及中国实施的一周内单双号汽车限行的措施似乎很有效。

_____

❼ 在大城市，停车问题非常迫切。现在大量的汽车停在道路两边。

_____

❽ 在中国可以租用自行车。自行车是最绿色的交通工具。

_____

❾ 交通工具排放到大气中的污染物年均增长 3.1%。

_____

❿ 天然气作为发动机最具前景的绿色燃料，其优势在世界的许多国家已经凸显。

_____

练习9 以«Трáнспортная проблéма в гóроде»为题，写一篇俄语作文，不少于300词。

_____

_____

_____

_____

_____

_____

三、构词、语法、成语、修辞

练习10 选择下列同根词的词义。

1 рабóтать _____

2 отрабóтать _____

3 зарабóтать _____

4 порабóтать _____

5 подрабóтать _____

6 дорабóтать до чегó _____

7 зарабóтаться _____

8 дорабóтаться до чегó _____

9 нарабóтаться _____

10 срабóтать _____

A. 工作   B. 工作过度到（引起不良后果）

C.（机器、机械）开动起来   D. 干活干够，干许多活

E. 工作过久，工作得劳累   F. 干完（若干时间）

G. 工作到（某时候）   H. ① 挣钱 ② 开始工作

I. 工作一会儿   J. 兼职（挣钱），搞副业

练习11 把下列句子翻译成汉语,选择пойти的正确词义【пойти ① 与某些名词连用表示动作的到来或进行 ② во что, на что, подо что用作……, 有……用途 ③ (植物)生长(同расти)④ на что同意做某事,准备接受某条件 ⑤ (事情)做得成,顺利 ⑥ о ком-чём(谈话、争论等)涉及……, 内容是…… ⑦ пойти ко дню—败涂地,没落,倒霉;堕落】。

① Она билась героически за жизнь своего театра, и только поэтому театр не шёл ко дню.

_____

② Я решил не обострять отношений с Олегом и пошёл на компромисс.

_____

③ Дело пошло даже скорее, чем он ожидал.

_____

④ С ним я готов пойти на сближение, но существует несколько концептуальных расхождений.

_____

⑤ Его стали преследовать неудачи, его воля ослабла и он пошёл ко дню.

_____

⑥ Власти столицы Великобритании пошли на столь серьёзную меру.

_____

⑦ Я хотел было поговорить с деканом о своей работе над диссертацией, но тут пришёл Василий Иванович, и разговор пошёл совсем о другом.

_____
_____

⑧ Этот материал не пойдёт на костюм, так как он очень мнётся.

_____

⑨ Поближе туда к осени поедем. Так и грибки пойдут, и ещё какие-нибудь запасы можно успеть приготовить.

_____

⑩ Иногда очень хотелось бы пойти на уступку, но я не могу переступить через что-то внутри себя.

_____

练习12 选择下列词组的正确意义。

① пойти́ на усту́пку _____

② пойти́ на обма́н _____

③ пойти́ на преступле́ние _____

④ пойти́ на сде́лку _____

⑤ пойти́ на хи́трость _____

⑥ пойти́ на риск _____

⑦ пойти́ на каки́е усло́вия _____

A. 去犯罪   B. 欺骗   C. 耍花招   D. 做交易

E. 同意接受……条件   F. 做出让步   G. 去冒险

练习13 用单数第二人称命令式（或加语气词бы）作条件从句的谓语时，不受主语的性、数、人称的限制，这种条件从句常见于口语中。此时，没有连接词，无论从句中主语是单数还是复数，只能用单数第二人称命令式，并放在句首。把下列句子翻译成汉语，并将句子变成带连接词的主从复合句。

① Задержи́сь мы хоть на мину́ту, мы опозда́ли бы на по́езд.

_____

② Прочита́й я э́ту статью, вопро́с был бы я́сен.

_____

③ Прочита́й ты э́ту статью, вопро́с был бы я́сен.

_____

④ Прочита́й он э́ту статью, вопро́с был бы я́сен.

_____

⑤ Прочита́й мы э́ту статью, вопро́с был бы я́сен.

_____

练习14 把下列句子中的条件连接词去掉，让其谓语置于句首。

① Если бы я получи́л твоё письмо́, я бы сра́зу отве́тил тебе́.

_____

② Если бы я имéл бóльше свобóдного врéмени, я бы писáл тебé чáще.

_____

③ Если бы нé было поддéржки товáрищей, мы бы ничегó не смоглú сдéлать.

_____

④ Если бы я был на твоём мéсте, я бы так не поступúл.

_____

⑤ Если бы ты послýшался товáрищей, ты бы не допустúл ошúбку.

_____

练习15 选择正确答案填空。

① _____ на вáшем мéсте, мы бы поступúли по-другóму.

　　A. Был　　　　B. Бýдучи　　　C. Будь　　　　D. Бýдьте

② _____ он не себя, мы бы не узнáли егó.

　　A. Назовú　　　B. Назовúте　　C. Если назвáл　D. Если бы назвáл

③ _____ он билéты, мы _____ в кинó.

　　A. Купú, пошлú бы　　　　　　B. Купúте, пошлú бы

　　C. Купú, пойдём　　　　　　　D. Купúте, пойдём

④ _____ онá мне об э́том, я _____ ей.

　　A. Скажú, бы помоглá　　　　　B. Скажúте, бы помоглá

　　C. Скажú, помоглá　　　　　　D. Скажúте, бы помоглá

⑤ Прочитáй онú текст, вопрóс _____ я́сен.

　　A. был　　　　B. был бы　　　C. быть　　　　D. бýдет

⑥ _____ материáлы, мы _____ экзáмен.

　　A. Повторú, сдáли бы　　　　　B. Повторúте, сдáли бы

　　C. Повторú, сдáли　　　　　　D. Повторúте, сдáли

⑦ _____ парохóд помéньше, вóлны разбúли бы егó.

　　A. Будь　　　　B. Бýдьте　　　C. Был　　　　D. Бýдет

⑧ _____ у меня́ время, рабóта _____ закóнчена мéсяц назáд.

　　A. Будь, былá　　　　　　　　B. Будь, былá бы

　　C. Бýдьте, былá　　　　　　　D. Бýдьте, былá бы

⑨ _____ я вóвремя к врачý с лёгкой простýдой, не пришлóсь бы пролежáть недéлю в больнúце.

　　A. Обращáюсь　B. Обратúсь　　C. Обращáлся　D. Обратúтесь

⑩ Запо́мни ваш сын э́ти фо́рмулы, ему́ _____ сдава́ть экза́мен в э́том году́ ещё раз.

A. не на́до

B. не на́до бы́ло

C. не на́до бы́ло бы

D. не на́до бу́дет

练习16 把下列修辞术语翻译成汉语。

публицисти́ческий стиль _____

печа́ть _____

электро́нные сре́дства ма́ссовой информа́ции

_____

экспресси́вность _____

оце́ночность _____

информи́рование _____

возде́йствие _____

заме́тка _____

интервью́ _____

о́черк _____

публицисти́ческий жанр _____

练习17 判断下列有关政论语体的说法是否正确，不正确的请改错。

❶ 政论语体主要包括消息、通讯、特写、访谈录等。

_____

❷ 新闻政论语体具有表现力（экспре́ссия）。

_____

❸ 新闻报道语言具有个人的主观态度和主观评价（оце́ночность）。

_____

❹ 报纸语言常使用成语和谚语，可以增加语言表现力，提高报纸宣传力度，给人以新鲜感。

_____

_____

练习18 判断下列句子是否属于政论语体。

① Влади́мир Пу́тин провёл совеща́ние по вопро́сам реструктуриза́ции ба́нковской систе́мы, в хо́де кото́рого Центроба́нку пору́чено в тече́ние 10 дней согласова́ть с заинтересо́ванными ве́домствами и внести́ на рассмотре́ние прави́тельства прое́кты измене́ний в де́йствующие фина́нсовые и ба́нковское законода́тельство.

_____

_____

_____

② Сове́т Федера́ции одо́брил измене́ния и дополне́ния в Зако́н о несостоя́тельности (банкро́тстве).

_____

_____

③ Хорст Ке́лер заяви́л, что выделе́ние Междунаро́дным валю́тным фо́ндом креди́тов Росси́и ста́нет возмо́жным то́лько по́сле того́, как но́вый Президе́нт начнёт рефо́рмы, и призва́л Влади́мира Пу́тина сде́лать пе́рвые шаги́ в э́том направле́нии.

_____

_____

_____

④ 24 ма́рта 2000 го́да в Москве́ в «Президе́нт-оте́ле» прошёл Пе́рвый съезд общероссийской обще́ственной организа́ции «Росси́йский сою́з юри́стов».

_____

_____

⑤ Пхенья́н 27 ма́рта разостла́л кра́сный ковёр пе́ред Ла́мберто Ди́ни, мини́стром иностра́нных дел Ита́лии, пе́рвым главо́й внешнеполити́ческого ве́домства из стран могу́щественной «Восьмёрки», кото́рый прие́хал с официа́льным визи́том в Се́верную Коре́ю.

_____

_____

_____

四、日积月累

Дóма и стéны помогáют. 在家千日好。

Дрýжба вмéсте, а табачóк врозь. 友情亲密无间，抽烟各自掏钱；亲兄弟，明算账。

五、国情点滴

俄罗斯原有联邦主体 89 个，现缩减为 83 个，其中 21 个共和国（респýблика）、9 个边疆区（край）、46 个州（óбласть）、2 个联邦直辖市（гóрод федерáльного значéния）、1 个自治州（автонóмная óбласть）、4 个自治区（автонóмный óкруг）。

2005 年 12 月 1 日彼尔姆州（Пéрмская óбласть）和科米彼尔米亚自治区（Кóми-Пермя́цкий автонóмный óкруг）合并为彼尔姆边疆区（Пéрмский край）。2007 年 1 月 1 日埃文基自治区（Эвенки́йский автонóмный óкруг）和泰梅尔自治区（Таймы́рский автонóмный óкруг）并入克拉斯诺亚尔斯克边疆区（Красноя́рский край）。同年 7 月勘察加州（Камчáтская óбласть）和科里亚克自治区（Коря́кский автонóмный óкруг）合并为堪察加边疆区（Камчáтский край）。2008 年 1 月 1 日乌斯季奥尔登斯基布里亚特自治区（Усть-Орды́нский автонóмный óкруг）并入伊尔库茨克州（Иркýтская óбласть）。2008 年 3 月 1 日赤塔州（Чити́нская óбласть）和阿加布里亚特自治区（Аги́нский Буря́тский автонóмный óкруг）合并为外贝加尔边疆区（Забалькáльский край）。至此，俄罗斯联邦主体减至 83 个，并将继续合并。

六、练习答案

练习1 ❶ C ❷ A ❸ G ❹ F ❺ E ❻ B ❼ D ❽ I ❾ H ❿ J

练习2 对社会的负面影响，汽车运输的灵活性，尾气，噪音污染，普通的轿车，成排停泊，增加停车场，空气流域，有前途的项目，轻轨，忽视，污染空气，延长公共汽车的线路，小汽车，单轨铁路，不通过街面的轨道交通，靠电力牵引的交通工具，装饰地铁站，三次换气，市郊公路，公路立交桥，过街天桥，地下通道

练习3 вторáя половúна 20 столéтия, противоречи́вые тендéнции, потенциáл развúтия, потрéбности населéния, перевози́ть грýзы, расселéние людéй, дáльний тури́зм, серьёзные прóбки маши́н, врéдные веществá, дорóжная сеть, ýровень автомобилизáции, влечь за собóй, непомéрное увеличéние, жи́дкое тóпливо, экологи́ческие трéбования, срéдство передвижéния, загрязня́ть окружа́ющую среду́, эконо́мия горю́чего, доста́вка гру́зов, в нема́лой сте́пени, интенси́вность испо́льзования, перево́зка пассажи́ров, сооруже́ние ли́ний метрополите́на, вид назе́много тра́нспорта, тра́титься впусту́ю

练习4

① дости́гнутый у́ровень, те́хнико-экономи́ческий потенциа́л, социа́льных потре́бностей, увеличе́ние масшта́ба, окружа́ющую среду́
② отрица́тельные явле́ния, про́бки маши́н
③ ме́ры принима́ются, ограничи́тельных мер
④ отвеча́ют экологи́ческим тре́бованиям, загрязня́ют
⑤ плю́сы и ми́нусы, капита́льные затра́ты, сооруже́нии
⑥ потребля́ет эне́ргии, отравля́ет, отрабо́тавшими га́зами
⑦ систе́мы видеонаблюде́ния, ка́меры, запи́сывают и сохраня́ют, ка́дры
⑧ подо́бных нововведе́ний, вы́нуждены призна́ть, набо́левшую пробле́му
⑨ сниже́ние загру́зки, позити́вными после́дствиями
⑩ подзе́мных парко́вок

练习5

① проце́ссом
② Нам
③ Москву́, от про́бок
④ от маши́н, назе́много пассажи́рского тра́нспорта
⑤ в перемеще́нии
⑥ на до́лю
⑦ рабо́той
⑧ води́тельских прав
⑨ за свои́ посту́пки
⑩ потре́бности

练习7

① 在汽车交通的有害影响下，人们的健康恶化，土壤和水库被污染，动植物界都遭了殃。
② 综上所述，局部措施并不能解决交通问题。
③ 在此情况下对道路的不满很多：质量不佳、立交桥不方便、缺少地上及地下通道（信号灯太多）、缺少卡车绕行路。
④ 在没有行人的时候红灯仍然亮着的问题也要解决，要优化信号灯的工作。像建造地下通道就是一个不使用信号灯的解决方案。
⑤ 实践表明，70%—80%的汽车里只有司机一人，如果他搭载一个或多个像他一样开车上班的邻居，拥堵就会少得多。

⑥ 在交通枢纽地区，通过高收费和禁止停泊最大限度地增加停车的困难，可以解决停车问题。这样，司机就会将车停在自家车库，如果要去某个地方，就可以选用公共交通工具。

⑦ 应大力发展公共交通体系，起动大容量公交线路。在一些城市，如果街道宽度允许的话应划分出公交优先车道，以便公共汽车能够按时间表运行。

⑧ 但这应源于，在百万人口的城市，交通问题彻底解决只能借助于非常发达的地铁网络。

⑨ 作者认为问题的原因在于，汽车耗费的燃料总量更多，因此，产生更多的二氧化碳。

⑩ 最近十年美国通过一系列立法活动，更加重视改善城市和居民点的生态环境问题。

练习8

① Проблéма автомобильных прóбок на дорóгах крýпных городóв и пригородных трасс как никогдá актуáльна.

② Трамвáй, троллéйбус и метрó, испóльзующие в кáчестве "тóплива" электричество, пóлностью отвечáют экологическим трéбованиям.

③ Срéдний штраф за проéзд по спецполосé – 35 éвро, а éсли дéло дойдёт до судá, мóжно и водительских прав лишиться.

④ По дáнным Всемирной организáции здравоохранéния выбросы автотрáнспорта сокращáют продолжительность жизни в срéднем на 4 гóда, дéтская смéрность увеличивается на 1%.

⑤ Совремéнный городскóй житель с дéтства настóлько привык к зáпаху выхлопных гáзов, что ужé и вóвсе егó не замечáет, продолжáя мéжду тем дышáть ядовитыми вещéствами.

⑥ Организáция поочерёдного движéния автомобилей с чётными и нечётными номерáми в рáзные дни недéли, введённая во мнóгих стрáнах Еврóпы и в Китáе, оказáлась достáточно эффективной.

⑦ Проблéма с паркóвками в крýпных городáх актуáльна. Сегóдня огрóмное количество автомобилей припаркóвано у обóчин дорóг.

⑧ В Китáе ввести прокáт велосипéдов. Велосипéд – экологически чистый вид трáнспорта.

⑨ Выбросы загрязняющих вещéств в атмосфéру от автотрáнспортных средств увеличиваются в год в срéднем на 3,1%.

⑩ Приоритéтность прирóдного гáза, как наибóлее перспективного экологически чистого мотóрного тóплива, очевидна для мнóгих стран мира.

练习10 ① A ② F ③ H ④ I ⑤ J ⑥ G ⑦ E ⑧ B ⑨ D ⑩ C

练习11
① 她为自己剧院顽强拼搏，这样剧院才没有衰落。
② 我决定不激化与奥列格的矛盾，于是妥协了。
③ 事情进展得比他想象的快。
④ 我想和他接近，但存在着观念上的差异。
⑤ 一连串的失败接踵而至，使他意志消沉而堕落下去。
⑥ 大不列颠首都当局采取了严厉的措施。
⑦ 我本想和系主任谈谈自己论文写作的情况，但瓦西里·伊万诺维奇突然到来，谈话转向了别的话题。
⑧ 这种料子不适合做西服，因为它起褶子。
⑨ 秋天临近的时候我们就出发，那时候蘑菇已经成熟了，我们还来得及准备一些其他的东西。
⑩ 有时我也想做让步，但不能超越内心的底线。

练习12
① F ② B ③ A ④ D ⑤ C ⑥ G ⑦ E

练习13
① 要是再耽误一分钟，我们就赶不上火车了。
Если бы мы задержа́лись хоть на мину́ту, мы опозда́ли бы на по́езд.
② 假如我读了这篇文章，问题就会弄清楚了。
Если бы я прочита́л э́ту статью́, вопро́с был бы я́сен.
③ 假如你读了这篇文章，问题就会弄清楚了。
Если бы ты прочита́л э́ту статью́, вопро́с был бы я́сен.
④ 假如他读了这篇文章，问题就会弄清楚了。
Если бы он прочита́л э́ту статью́, вопро́с был бы я́сен.
⑤ 假如我们读了这篇文章，问题就会弄清楚了。
Если бы мы прочита́ли э́ту статью́, вопро́с был бы я́сен.

练习14
① Получи́ я твоё письмо́, я бы сра́зу отве́тил тебе́.
② Име́й я бо́льше свобо́дного вре́мени, я бы писа́л тебе́ ча́ще.
③ Не будь подде́ржки това́рищей, мы бы ничего́ не смогли́ сде́лать.
④ Будь я на твоём ме́сте, я бы так не поступи́л.
⑤ Послу́шайся ты това́рищей, ты бы не допусти́л оши́бку.

练习15
① C ② A ③ A ④ A ⑤ B ⑥ A ⑦ A ⑧ B ⑨ B ⑩ C

练习16
政论语体，出版物，电子大众媒体，表现力，评价色彩，报道功能，影响感染功能，简讯，采访，特写，政论体裁

练习17
①②③④都正确

练习18
①②③④⑤都属于政论语体

一、词 汇

练习1 为下列词语选择正确的解释。

1 томи́ть _____
2 дразни́ть _____
3 разочарова́ться _____
4 успоко́иться _____
5 дрема́ть _____
6 суети́ться _____
7 очарова́ть _____
8 зя́бнуть _____
9 спле́тничать _____
10 капри́зничать _____

A. впасть в разочарова́ние

B. вести́ себя́ капри́зно, быть капри́зным

C. му́чить, изнуря́ть

D. стать споко́йным

E. занима́ться спле́тнями

F. быть в дремо́те

G. произвести́ неотрази́мое впечатле́ние на кого́-что́-н.

H. дви́гаться, де́йствовать суетли́во

I. злить, умы́шленно раздража́я чём-н.

J. испы́тывать чу́вство хо́лода, страда́ть от хо́лода

二、课文和言语训练

练习2 将下列词组翻译成汉语。

проживáть тысячу двéсти рублéй в год

_____

таблица тиражéй _____

носить процéнты _____

лотерéйное счáстье _____

провести пáльцем свéрху вниз _____

номерá сéрии _____

плеснуть ему на живóт холóдной водóй

_____

опускáть на стол слóженную скáтерть _____

покáзывать ребёнку блестящую вещь _____

купить недвижимость врóде имéния _____

лежáть вверх животóм _____

рыться в пескé _____

ловить насекóмых _____

плестить в купáльню _____

разглáживать ладóнями _____

бáбье лéто _____

тащить маркóвь и рéдьку _____

пáхнуть землёй _____

развалиться на дивáне _____

отдáться дремóте _____

ненáстное врéмя _____

кому пришлó на мысль _____

лёгкие жéнщины _____

жить минýтой _____

дрожáть над кáждой копéйкой _____

усчитывать когó в кáждой копéйке _____

по-бáбьи под шесть замкóв _____

нищенски клянчить

_____

маслено улыбаться

_____

радужные мечты

_____

протянуть лапу к выигрышу

_____

давить под желудком

_____

练习3 将下列词或词组翻译成俄语。

收拾桌子 _____

手拿报纸 _____

一次性花销 _____

还债 _____

把双手放在膝上 _____

捕鱼 _____

太阳落山 _____

跳进水里 _____

绿色水草 _____

喝一杯伏特加 _____

带插图的杂志 _____

解开坎肩 _____

浑身一股厨房的油烟味 _____

依附于某人 _____

救济亲戚 _____

使妻子懊恼 _____

在山杨树上自缢 _____

练习4 将括号里的词组翻译成俄语。

① А разве твой билет не пропал в_____（抵押）?

② И тотчас же, точно _____（嘲笑他的"不相信"）, не дальше как во второй строке сверху резко_____（映入眼帘）цифра 9499!

③ Он быстро _____（把报纸放到膝上）и, как будто кто _____（泼）ему на живот холодной водой, почувствовал _____（心口窝）приятный холодок.

④ Постóй. Ещё успéем _____（失望）. Это _____（上数第二行）, знáчит, вы́игрыш в 75000. Это не дéньги, а си́ла, _____（资本）!

⑤ Возмóжность счáстья _____（使他们迷迷糊糊）, они́ не могли́ дáже мечтáть, сказáть, на что _____（他们两个）нужны́ э́ти 75000.

⑥ Ивáн Дми́трич нéсколько раз прошёлся _____（从一角到另一角）и, тóлько когдá _____（平静下来）от пéрвого впечатлéния, стал понемнóгу мечтáть.

⑦ И в егó воображéнии _____（聚集起来）карти́ны, однá другóй лáсковей, поэти́чней.

⑧ Он слáдко _____（打盹）, ни о чём не дýмает и всем тéлом чýвствует, что _____（他不用去上班）ни сегóдня, ни зáвтра, ни послезáвтра.

⑨ За бáбьим лéтом слéдует хмýрое, ненáстное врéмя. _____（光秃秃的树木）плáчут, вéтер сыр и хóлоден.

⑩ Онá о чём-то _____（叹气并抱怨）, что у неё от дорóги _____（剧痛起来）головá.

⑪ А ведь онá бы _____（核算我花的每一分钱）, подýмал он, взгляну́в на женý.

⑫ Éсли им дать, то они́ ещё попрóсят, а _____（拒绝）– бýдет _____（诅咒）, сплéтничать, _____（盼倒霉）.

⑬ Онá знáла, кто пéрвый _____（伸出爪子）к её вы́игрышу.

⑭ Нéнависть поднялáсь _____（在他胸中）, и, чтóбы _____（使恼火）своéй женé, он _____（和她作对）бы́стро заглянýл на четвёртую страни́цу газéты и _____（宣布）с торжествóм.

⑮ Надéжда и нéнависть óбе _____（一下子消失了）.

练习5 把括号里的词变成适当形式填空，如需要加前置词。

① Основны́е тéмы твóрчества – недовóльство _____ (óбщество).

② Вéчером прогýлка и́ли игрá _____ (кáрты) _____ (сосéди).

③ _____ (Он) пришлó на мысль: а что éсли в сáмом дéле женá поéдет за грани́цу?

④ Он не дово́лен _____ (своя́ судьба́).

⑤ То́чно в насме́шку _____ (он), ничего́ не случи́лось.

⑥ За _____ (ба́бье ле́то) сле́дует хму́рое, нена́стное вре́мя.

⑦ Томи́ть и дразни́ть себя́ _____ (наде́жда) на возмо́жное сча́стье – э́то так сла́дко, жу́тко!

⑧ Ду́мали они́ то́лько о ци́фрах 9499 и 75000, рисова́ли их _____ (своё воображе́ние).

⑨ По её лицу́ ви́дно, что она́ очаро́вана _____ (свой мы́сли).

⑩ И он стал ду́мать о том, что хорошо́ бы пое́хать _____ (глубо́кая о́сень) за грани́цу.

练习6 造句。

обрати́ть внима́ние на что

_____

в насме́шку над чем

_____

в са́мом де́ле

_____

练习7 把下列句子翻译成汉语。

① Ива́н Дми́трич не ве́рил в лотере́йное сча́стье и в друго́е вре́мя не за что не стал бы гляде́ть в табли́цу тираже́й, но тепе́рь от не́чего де́лать и – бла́го, газе́та была́ пе́ред глаза́ми – он провёл па́льцем све́рху вниз по номера́м се́рий. И то́тчас же, то́чно в насме́шку над его́ неве́рием, не да́льше как во второ́й строке́ све́рху ре́зко бро́силась в глаза́ ци́фра 9499! Не погляде́в, како́й но́мер биле́та, не проверя́я себя́, он бы́стро опусти́ть газе́ту на коле́ни и, как бу́дто кто плеснýл ему́ на живо́т холо́дной водо́й, почу́вствовал под ло́жечкой прия́тный холодо́к: и щеко́тно, и стра́шно, и сла́дко!

_____

_____

_____

_____

2 Вот он, поéвши холóдной, как лёд, окрóшки, лежи́т вверх животóм на горя́чем песке́ у са́мой ре́чки и́ли в саду́ под ли́пой... Жа́рко... Сыни́шка и дочь ползáют вóзле, рóются в песке́ и́ли лóвят в траве́ насекóмых. Он слáдко дрéмлет, ни о чём не дýмает и всем те́лом чýвствует, что емý не идти́ на слýжбу ни сегóдня, ни за́втра, ни послеза́втра. А надоéло лежáть, он идёт на сенокóс и́ли в лес за гриба́ми и́ли же гляди́т, как мужике́ лóвят ры́бу. Когда́ сади́тся сóлнце, он берёт простыню́, мы́ло и плетётся в купа́льню, где не спеша́ раздева́ется, дóлго разгла́живает ладóнями свою́ гóлую грудь и ле́зет в вóду. А в воде́, óколо ма́товых мы́льных кругóв суетя́тся рыбёшки, кача́ются зелёные вóдоросли.

_____

_____

_____

_____

_____

_____

_____

3 Ива́н Дми́трич рисýет себе́ óсень с дождя́ми, с холóдными вечера́ми и с ба́бьим ле́том. В э́то вре́мя нýжно нарóчно подóльше гуля́ть по са́ду, огорóду, по бе́регу реки́, чтóбы хорóшенько озя́бнуть, а потóм вы́пить большýю рю́мку вóдки и закуси́ть солёным грибóчком и́ли укрóпным огýрчиком и – вы́пить другýю. Дети́шки бéгут с огорóда и та́щат морко́вь и ре́дьку, от котóрой па́хнет све́жей землёй... А пóсле развали́ться на дива́не и не спеша́ рассма́тривать какóй-нибудь иллюстри́рованный журна́л, а потóм прикры́ть журна́л лицó, расстегнýть жиле́тку, отда́ться дремóте...

_____

_____

_____

_____

_____

_____

④ Муж по́нял её взгляд, не́нависть подняла́сь у него́ в груди́, и, что́бы
досади́ть свое́й жене́, он назло́ ей бы́стро загляну́л на четвёртую
страни́цу газе́ты и провозгласи́л с торжество́м: "Се́рия 9499, биле́т 46!
Но не 26!"

_____

_____

_____

⑤ Чёрт зна́ет что, – сказа́л Ива́н Дми́трич, начина́я капри́зничать. – Куда́
ни сту́пишь, везде́ бума́жки под нога́ми, кро́шки, кака́я-то скорлупа́.
Никогда́ не подмета́ют в ко́мнатах! Придётся и́з дому уходи́ть, чёрт
меня́ подери́ совсе́м. Уйду́ и пове́шусь на пе́рвой попа́вшейся оси́не.

_____

_____

_____

练习8 把下列句子翻译成俄语。

① 伊万一家一年花 2200 卢布，他很满意自己的命运。

_____

② 他从不相信抽彩能带来幸福，无论如何不会去看中奖号码的。

_____

③ 老师伸出手指从上到下逐一查对学生的名单。

_____

④ 就像是嘲笑他一样，数字 88 赫然映入他的眼帘。

_____

⑤ 他们没有失望，他们赢了，快乐让他们晕晕乎乎，他们在自己的想象里
勾勒着幸福的生活。

_____

_____

⑥ 去年父母花 120 万元购买了类似别墅的不动产，他们的一次性消费是 30
万元。

_____

7 在他的想象中浮现出幅幅画面，一幅比一幅漂亮，他觉得自己快乐、健康、平和。

_____

_____

8 他想，和容易相处的、无忧无虑的、及时行乐的同学们一起旅行是令人惬意的，他们从不长吁短叹，不怨天尤人，不为花每分钱都斤斤计较。

_____

_____

9 母亲对儿子要求严格，他花每一分钱都要管。

_____

10 她有七彩的梦想，有自己的规划，不想依附于父母，也不想向他们伸手要钱。

_____

_____

练习9 以《А.П.Чéхов》为题，写一篇俄语作文，不少于300词。

_____

_____

_____

_____

_____

_____

三、构词、语法、成语、修辞

练习10 把下列词组翻译成汉语。

смотрéть в упóр　　　　　_____

смотрéть в лицó чемý　　_____

обвестú взгля́дом　　　　_____

смотрéть в глазá комý　　_____

не своди́ть глаз _____

练习11 把下列词组翻译成汉语。

спустя́ рукава́ (де́лать что) _____

не спустя́ глаз _____

пропуска́ть ми́мо уше́й _____

опусти́лись ру́ки у кого́ _____

упусти́ть и́з виду _____

练习12 造句。

выпуска́ть _____

допуска́ть _____

опусти́ть _____

запуска́ть _____

练习13 把下列词组翻译成汉语并造句。

протяну́ть ру́ки

_____

то и де́ло

_____

за чей счёт

_____

на чей счёт

_____

пришло́ на мысль

_____

на са́мом де́ле

_____

в са́мом де́ле

_____

练习14   选择正确答案填空。

❶ _____ эта работа оказалась более сложной, _____ я предполагал вначале.

A. На самом деле, чем   B. В самом деле, чем

C. На самом деле, как   D. В самом деле, как

❷ Он казался намного моложе, чем был _____ .

A. действительно   B. на самом деле

C. в самом деле   D. в действительности

❸ Похвала страшна, она приучает писателя думать о себе лучше, чем он _____ есть.

A. действительно   B. на самом деле

C. в самом деле   D. практически

❹ Несчастье большинства людей в том, что они считают себя более способными, чем _____ .

A. действительно   B. на самом деле

C. в самом деле   D. практически

练习15   举例说明关联词 как ни, сколько ни, что ни, кто ни, где ни 和 как бы ни, сколько бы ни, что бы ни, кто бы ни, где бы ни 使用上的区别。

_____

_____

_____

_____

_____

练习16   选择正确答案填空。

❶ _____ он ни старался, ничего у него не получилось.

A. Куда   B. Что   C. Как   D. Хотя

❷ _____ мы его ни уговаривали, он не хотел поехать с нами.

A. Куда   B. Что   C. Как   D. Хотя

③ _____ бы ни было вам трудно, вы должны сдать этот экзамен.

    A. Куда   B. Как   C. Раз   D. Если

④ _____ бы он ни пошёл, всюду его узнавали.

    A. Куда   B. Что   C. Как   D. Хотя

⑤ _____ труден был текст, студенты прекрасно перевели его.

    A. Куда ни   B. Что ни   C. Как ни   D. Хотя

⑥ _____ я ни спешил, а всё равно опоздал на урок.

    A. Куда   B. Что   C. Как   D. Хотя

⑦ _____ я обращался, нигде не мог найти нужной информации.

    A. Куда бы ни   B. Что ни   C. Как ни   D. Хотя

⑧ _____ объяснял я ему правило, он всё-таки не понял.

    A. Несмотря на то, что   B. Что ни

    C. Сколько ни   D. Хотя

⑨ _____ ни уговаривали его остаться, он ушёл сразу же после концерта.

    A. Куда   B. Что   C. Как   D. Хотя

⑩ _____ я ни объяснял ему решение задачи, он так и не понял его.

    A. Куда   B. Что   C. Как   D. Хотя

⑪ _____ ни старался отец быть спокойным, я всё-таки заметил его волнение.

    A. Куда   B. Что   C. Как   D. Хотя

⑫ Невозможно, конечно, передать музыку словами, _____ был богат наш язык.

    A. ни какой   B. как ни   C. как бы ни   D. как бы

⑬ _____ бы Зина ни думала, ничего она не могла придумать.

    A. Когда   B. Если   C. Сколько   D. Хотя

⑭ _____ ему ни поручают, он всегда справляется со всём.

    A. Кто   B. Как   C. Что   D. Когда

⑮ _____ многочисленны и разнообразны создания великого поэта, каждое из них живёт своей жизнью.

    A. Как ни   B. Сколько ни

    C. Что ни   D. Когда ни

⑯ Как мы его́ ни убежда́ли, он с на́ми не _____ .

    A. соглаша́ется   B. соглаша́лся

    C. согласи́тся   D. согласи́лся

⑰ Как бы мы его́ ни убежда́ли, он с на́ми не _____ .

    A. соглаша́ется   B. соглаша́лся

    C. согласи́тся   D. согласи́лся

⑱ Ско́лько я ни звони́ла, никто́ мне не_____ .

    A. отвеча́ет   B. отвеча́л

    C. отве́тит   D. отве́тил

⑲ Как Ве́ра ни умоля́ла роди́телей, они́ не _____ её.

    A. проща́ли   B. проща́ют

    C. прости́ли   D. простя́т

⑳ Что бы я ему́ ни предлага́л, он от всего́ _____ .

    A. отка́зывается   B. отка́зывался

    C. отка́жется   D. отказа́лся

练习17 用 **когда́ ни, ско́лько ни, куда́ ни, кто ни, что ни, како́й ни, как ни** 补充句子，使之成为带让步从句的主从复合句。

① _____ я приходи́л к нему́, его́ не́ было до́ма.

② _____ учи́тель спра́шивал, никто́ не отве́тил.

③ _____ я уезжа́ю, меня́ узнаю́т.

④ _____ тру́дности стоя́т пе́ред на́ми, мы преодоли́м их.

⑤ _____ я за́нят, я всегда́ найду́ вре́мя, что́бы занима́ться спо́ртом.

练习18 选择括号里的动词变成适当形式填空。

① Ско́лько я ни _____ (спра́шивать, спроси́ть), он и не отве́тил.

② Как ни он _____ (реша́ть, реши́ть) зада́чу, он и не реши́л её.

③ Что ни расска́зывали, он ничему́ не _____ (удивля́ться, удиви́ться).

④ Как я ни спра́шивал его́, он ни одного́ сло́ва не _____ (говори́ть, сказа́ть).

⑤ Ско́лько ни объясня́ли ему́ э́то пра́вило, он всё-таки его́ не _____ (понима́ть, поня́ть).

⑥ Как ни бы́стро мы шли, ночь _____ (застава́ть, заста́ть) нас в пути́.

⑦ Как бы я ни стара́лся, я не _____ (выполня́ть, вы́полнить) э́то зада́ние в срок.

⑧ Ско́лько бы я ни жила́, я не _____ (забыва́ть, забы́ть) э́тот день.

⑨ Как мы его́ ни убежда́ли, он с на́ми не _____ (соглаша́ться, согласи́ться).

⑩ Как бы мы его́ ни убежда́ли, он с на́ми не _____ (соглаша́ться, согласи́ться).

四、日积月累

Жизнь прожи́ть – не по́ле перейти́. 生活不是轻而易举的。

За пра́вое де́ло стой сме́ло. 捍卫正义事业要勇敢。

五、国情点滴

俄罗斯联邦是共和制的民主联邦法制国家，俄罗斯联邦保障自身领土的完整和不受侵犯；俄罗斯联邦议会是俄罗斯联邦的代表与立法机关，联邦会议（Федера́льное Собра́ние 或 Парла́мент）由联邦委员会（Сове́т Федера́ции）和国家杜马（Госуда́рственная Ду́ма）两院组成。

俄罗斯联邦国家权力实行三权分立原则。联邦会议是代表机关和立法机关，行使立法权；政府行使执行权；俄罗斯联邦法院行使司法权。

六、练习答案

练习1　① C　② I　③ A　④ D　⑤ F　⑥ H　⑦ G　⑧ J　⑨ E　⑩ B

练习2 年花销1200卢布, 开彩号码, 取利息, 抽彩带来的幸福, 手指从上往下移动, 组号, 往他肚子上泼凉水, 把叠好的桌布放到桌上, 给孩子看发光的东西, 购买类似庄园的不动产, 仰面躺着, 玩沙子, 捉小虫, 懒洋洋走到更衣室, 用手掌按摩, 小阳春, 拖来胡萝卜和青萝卜, 带着泥土味, 摊在沙发上, 打盹, 阴雨连绵, 谁想出的主意, 容易相处的女人, (生活)只顾眼前, 吝惜每一分钱, 核对某人每一分钱的花销, 娘儿们般地加上六道锁, 乞丐般的哀求, 谄媚地笑, 美好的幻想, 伸手夺奖, 胃不舒服

练习3 убира́ть со стола́, держа́ть в рука́х газе́ту, ра́зовые расхо́ды, заплати́ть до́лги, опуска́ть на коле́ни ру́ки, лови́ть ры́бу, сади́тся со́лнце, лезть в во́ду, зелёные во́доросли, вы́пить рю́мку во́дки, иллюстри́рованный журна́л, расстегну́ть жиле́тку, насквозь пропа́хнуть ку́хней, у кого́ в зави́симости, благотвори́ть родне́, досади́ть жене́, пове́ситься на оси́не

练习4
① зало́ге
② в насме́шку над его́ неве́рием, бро́силась в глаза́
③ опусти́л газе́ту на коле́ни, плесну́л, под ло́жечкой
④ разочарова́ться, во второ́й строке́ све́рху, капита́л
⑤ отума́нила их, им обо́им
⑥ из угла́ в у́гол, успоко́ился
⑦ затолпи́лись
⑧ дре́млет, ему́ не идти́ на слу́жбу
⑨ Го́лые дере́вья
⑩ вздыха́ет и жа́луется, разболе́лась
⑪ усчи́тывала меня́ в ка́ждой копе́йке
⑫ отказа́ть, клясть, жела́ть вся́ких бед
⑬ протяну́л бы ла́пу
⑭ у него́ в груди́, досади́ть, назло́ ей, провозгласи́л
⑮ ра́зом исче́зли

练习5
① о́бществом	② в ка́рты, с сосе́дями	③ Ему́
④ свое́й судьбо́й	⑤ над ним	⑥ ба́бьим ле́том
⑦ наде́ждой	⑧ в своём воображе́нии	⑨ свои́ми мы́слями
⑩ глубо́кой о́сенью		

练习7 ① 伊万·德米特里奇不相信彩票能中奖, 换了别的时间无论如何也不会去看开彩的号码, 但此刻他无事可做, 况且, 报纸就在眼前, 于是他伸出手指

从上而下查对彩票的组号。突然，就像是嘲笑他的"不相信"，9499号就从上数第二行赫然跳入眼帘！他没有再核对一遍，也没看票号，立即把报纸往膝上一放，仿佛有人往他肚子上泼了冷水，他顿觉心窝里涌起一股令人愉悦的凉意：痒痒的，怕怕的，甜甜的！

② 他喝完一盘冰冷的杂拌汤，便躺在小河旁热乎乎的沙地上，或者花园里的椴树下……热啊……一双儿女在身旁爬来爬去，玩着沙子，或者在草地里捉小虫子。他甜甜地打着盹，什么也不想，全身心觉得，不管今天、明天，还是后天，他都不用去上班了。等躺得烦了，他就去割割草，或者去林子里采蘑菇，或者去看看农夫们捕鱼。等到夕阳西下，他就拿着浴巾和肥皂，悠闲地踱到更衣室，不慌不忙地脱掉衣服，用手掌长时间地摩挲赤裸的胸脯，然后跳进水里。而在水里，在那些暗银色的肥皂圈附近，小鱼儿游来游去，绿色的水草摆来摆去。

③ 伊万·德米特里奇在心里想象着，秋天多雨，夜晚寒冷，白天晴而温暖。在这个时候，他要特意到花园里、菜园里、河岸边多多散步，好好经经冻，之后喝上一大杯伏特加，吃点腌乳菇或者茴香油拌的小黄瓜，之后——再喝一杯。孩子们从菜园子里跑回家，拖来胡萝卜和青萝卜，这些东西都带着泥土清新的气息……然后，往长沙发上一瘫，不慌不忙地翻翻画报，再把画报往脸上一盖，解开坎肩，打个盹……

④ 丈夫明白了她的眼神，憎恨在他胸中升起，他要气一气妻子，故意跟她作对地飞快地瞟了一眼第四版，得意地大声宣告："9499组，46号！不是26号！"

⑤ "鬼知道怎么回事，"伊万·德米特里奇说，开始耍脾气，"不管踩到哪儿，脚底下尽是纸片、面包渣、瓜果壳。从来不打扫屋子！让人只想离家出走，真见鬼！我这就走，碰到山杨树就上吊。"

练习8

① Ивáн прожива́ет с семьёй две ты́сячи две́сти рубле́й в год и о́чень дово́лен свое́й судьбо́й.

② Он никогда́ не ве́рил в лотере́йное сча́стье, и ни за что не стал бы гляде́ть в табли́цу тиражей́.

③ Преподава́тель провёл па́льцем све́рху вниз по спи́ску студе́нтов.

④ Бу́дто в насме́шку над ним, ци́фра 88 ре́зко бро́силась ему́ в глаза́.

⑤ Они́ не разочарова́лись, они́ вы́играли, ра́дость отума́нила их, они́ рисова́ли счастли́вую жизнь в своём воображе́нии.

⑥ В про́шлом году́ роди́тели купи́ли недви́жимость вро́де да́чи за миллио́н две́сти ты́сяч юа́ней, их ра́зовые расхо́ды составля́ли три́ста ты́сяч юа́ней.

⑦ В его́ воображе́нии затолпи́лись карти́ны, одна́ друго́й краси́вее, он чу́вствовал себя́ самого́ ра́достным, здоро́вым, споко́йным.

⑧ Ему́ пришло́ на мысль, что о́чень прия́тно путеше́ствовать в о́бществе студе́нтов лёгких, беззабо́тных, живу́щих мину́той. Они́ никогда́ не вздыха́ли, не жа́ловались и не дрожа́ли над ка́ждой копе́йкой.

⑨ Ма́ма тре́бовательна к своему́ сы́ну, его́ в ка́ждой копе́йке усчи́тывает.

⑩ У неё ра́дужные мечты́, свои́ пла́ны, она́ не хо́чет быть в зави́симости у роди́телей и не хо́чет протяну́ть ру́ку к их деньга́м.

练习10 紧盯着，凝视着，凝望着；（勇敢地）面对，正视；扫视，环顾，上下打量；看着……的眼睛；始终盯着，看着

练习11 马马虎虎，随随便便，不经心，敷衍；始终盯着，看着；当做耳旁风；灰心丧气，心灰意冷；忽视，忽略，忘记

练习13 伸手；时而；用……钱；关于……，针对……；有一个想法；实际上；确实

练习14 ❶ A ❷ B ❸ B ❹ B

练习15   关联词как ни, ско́лько ни, что ни, кто ни, где ни等都表示现实强化的让步意义，как ни（проси́л）相当于хотя́ о́чень（проси́л），ско́лько ни（проси́л）相当于хотя́ мно́го раз（проси́л），кого́ ни（проси́л）相当于хотя́（проси́л）мно́гих。语气词ни表示概括让步意义，不具有否定意义。例如：Как мы его́ ни убежда́ли, он с на́ми не согласи́лся.（无论我们怎样劝他，他最终也没同意我们的意见。）（我们已经劝过他了，但他最后没同意，过去时结果存在）在这类句子中，从句中的动词通常用未完成体过去时，主句中的动词用完成体过去时，表示结果意义。

   关联词как бы ни, ско́лько бы ни, что бы ни, кто бы ни, где бы ни等因为语气词бы强调了非现实意义，由这些关联词连接的从句表示阻碍主句行为实现的因素是最高限度的。其中бы是假定式的标志，因此从句动词用过去时而主句中动词可用于不同的时间。例如：Как бы я ни был за́нят, я всегда́ найду́ вре́мя занима́ться спо́ртом.（不管我多忙，总是要抽出时间从事体育锻炼。）（表示将来）Что бы мы ни де́лали, мы всегда́ должны́ помога́ть друг дру́гу.（不管做什么事，我们都要相互帮助。）（表示现在）Как я ни спо́рил с ним, он всё-таки стоя́л на своём.（无论我怎样和他争论，他仍然坚持己见。）（表示过去）

   带бы的这类关联词含有设想意义，从而增强了整个从句的概括定义，这时主句中的动词谓语不能用完成体过去时形式。试比较：Как мы его́ ни убежда́ли, он с на́ми не согласи́лся.（无论我们怎样劝他，他最终也没同意我们的意见。）（我们已经劝过他了，但他最后没同意，过去时结果存在。）Как бы мы его́ ни убежда́ли, он с на́ми не согласи́тся.（无论我们怎样劝他，他都将不会同意我们的意见。）（我们还没劝，但设想无论我们怎么劝，他都将不会同意，将来时表示达不到预期结果。）

练习16 ① C ② C ③ B ④ A ⑤ C ⑥ C ⑦ A ⑧ C ⑨ C ⑩ C
⑪ C ⑫ C ⑬ C ⑭ C ⑮ A ⑯ D ⑰ C ⑱ D ⑲ C ⑳ C

练习18 ① спра́шивал ② реша́л ③ удиви́лся ④ сказа́л
⑤ по́нял ⑥ заста́ла ⑦ вы́полню ⑧ забу́ду
⑨ согласи́лся ⑩ согласи́тся

Урок 6

一、词 汇

练习1 为下列词语选择正确的解释。

1 подзабы́ть _____

2 углуби́ться _____

3 провоци́ровать _____

4 изоли́ровать _____

5 отгороди́ться _____

6 преумно́жить _____

7 обогати́ться _____

8 национализи́ровать _____

9 устрани́ть _____

10 просчита́ть _____

A. уничто́жить

B. подсчита́ть, пересчита́ть

C. немно́го забы́ть, не удержа́ть в па́мяти

D. вы́звать на каки́е-н. де́йствия путём провока́ции

E. произвести́ национализа́цию чего́-н.

F. в не́сколько раз умно́жить, ещё бо́лее увели́чить

G. стать глу́бже

H. лиши́ть соприкоснове́ния с окружа́ющей средо́й

I. стать бога́тым, бо́лее бога́тым

J. прекрати́ть те́сное обще́ние с ке́м-н., изоли́ровать себя́ от кого́-чего́-н.

二、课文和言语训练

练习2 将下列词组翻译成汉语。

предпринима́тельские спосо́бности _____

проду́кт истори́ческого разви́тия _____

прида́ть социа́льную ориенти́рованность _____

_____

проце́сс интернационализа́ции _____

нашуме́вшая трило́гия _____

фина́нсовые пирами́ды _____

Уо́лл-стрит _____

фина́нсовый колла́пс _____

быть вы́рванным из мирово́й эконо́мики _____

_____

сыгра́ть кому́ на́ руку _____

экономи́ческий сбой _____

Ме́дный бунт _____

Соляно́й бунт _____

монетари́стская поли́тика _____

тюльпа́новая лихора́дка _____

луизиа́ны _____

момпа́нии тропи́ческих море́й _____

лихи́е 90-е го́ды _____

поли́с-госуда́рства _____

запрети́ть хожде́ние афи́нской валю́ты _____

блины́ для шта́нги _____

жить от зарпла́ты до зарпла́ты _____

преумно́жить своё состоя́ние _____

виртуа́льная оце́нка _____

национализи́ровать иму́щество _____

сесть в долгову́ю я́му _____

реши́ть зада́чу «обогре́ть и накорми́ть» наро́д

_____

реализа́ция програ́ммы

вы́ход на у́ровень экономи́чески ра́звитых стран

_____

зре́лость социа́льно-экономи́ческого разви́тия

_____

повыше́ние ста́туса страны́ на междунаро́дной аре́не

_____

страна́ со сре́дним у́ровнем ВНП на ду́шу населе́ния

_____

расту́щие потре́бности

постро́ение «о́бщества доста́тка»

в пересчёте по официа́льному валю́тному ку́рсу

_____

повы́сить уде́льный вес

устрани́ть тенде́нции к увеличе́нию разли́чий

_____

соверше́нствовать систе́му социа́льного обеспе́чения

_____

обще́ственная за́нятость

обеспе́чить наро́ду зажи́точную жизнь

определя́ть перспекти́вы разви́тия

осуществи́ть интегра́цию

масшта́бы влия́ния

ра́мки вну́треннего ры́нка

ежего́дный прирост ВВП на 7,5%

ёмкий кита́йский ры́нок

нара́щивание э́кспорта

нара́щивание иностра́нных инвести́ций

_____

откры́тость эконо́мики _____

дать нало́говые льго́ты

в ря́де ключевы́х отраслей

сталелите́йная о́трасль

о́трасль телекоммуника́ции

осла́бить ограниче́ния

конкурентоспосо́бное произво́дство

зо́ны высо́ких техноло́гий

предлага́ются беспла́тно земе́льные уча́стки

наводи́ть на мысль

练习3 将下列词或词组翻译成俄语。

停滞时期

社会生产系统

食物

经济环境

居民数量

发展产物

市场经济

由国家调节

国际化

经历危机

关于发展的预测

具有全球化特征

深入历史

文明史

税收政策

形成抗体

寡头

古希腊

银矿

货币金融体系

受到威胁　＿＿＿＿＿＿＿＿＿＿

发行货币　＿＿＿＿＿＿＿＿＿＿

行贿　＿＿＿＿＿＿＿＿＿＿

世贸组织　＿＿＿＿＿＿＿＿＿＿

低价收购　＿＿＿＿＿＿＿＿＿＿

排行榜　＿＿＿＿＿＿＿＿＿＿

依靠国家富裕起来　＿＿＿＿＿＿＿＿＿＿

经济改革　＿＿＿＿＿＿＿＿＿＿

"三步走"政策　＿＿＿＿＿＿＿＿＿＿

提高居民生活水平　＿＿＿＿＿＿＿＿＿＿

战略目标　＿＿＿＿＿＿＿＿＿＿

社会主义现代化　＿＿＿＿＿＿＿＿＿＿

物质文明　＿＿＿＿＿＿＿＿＿＿

法制文明　＿＿＿＿＿＿＿＿＿＿

精神文明　＿＿＿＿＿＿＿＿＿＿

碰到难题　＿＿＿＿＿＿＿＿＿＿

计划经济　＿＿＿＿＿＿＿＿＿＿

落后的社会生产　＿＿＿＿＿＿＿＿＿＿

就业问题　＿＿＿＿＿＿＿＿＿＿

社会保障问题　＿＿＿＿＿＿＿＿＿＿

实现战略任务　＿＿＿＿＿＿＿＿＿＿

国内生产总值　＿＿＿＿＿＿＿＿＿＿

国际竞争力　＿＿＿＿＿＿＿＿＿＿

实现工业化　＿＿＿＿＿＿＿＿＿＿

建立市场经济体系　＿＿＿＿＿＿＿＿＿＿

开放的经济体制　＿＿＿＿＿＿＿＿＿＿

提高居民收入　＿＿＿＿＿＿＿＿＿＿

增强经济影响力　＿＿＿＿＿＿＿＿＿＿

向中国进口产品　＿＿＿＿＿＿＿＿＿＿

取得一定优势　＿＿＿＿＿＿＿＿＿＿

进入开放的世界贸易体系　＿＿＿＿＿＿＿＿＿＿

随着全球化的发展　＿＿＿＿＿＿＿＿＿＿

产品生产的增长 _____

居民数量的增长 _____

扩大销售市场 _____

沿海地区 _____

中央政府 _____

消费增长 _____

亚太地区 _____

至少 _____

建立企业 _____

出口产品 _____

销售规模 _____

合资企业 _____

保护本地生产者 _____

吸引外资 _____

吸引技术和人才 _____

免税 _____

进行长时间的谈判 _____

最有利的条件 _____

练习4 将括号里的词组翻译成俄语。

❶ Под эконо́микой при́нято понима́ть систе́му _____ (社会生产),
процéсс создáния _____ (物质财富).

❷ Она́ обеспéчивает людéй _____ (物质条件) — продýктами
питáния, одéждой, жильём и ины́ми _____ (消费品).

❸ Вся истóрия человéчества состои́т из _____ (经济动荡) и
кри́зис ны́нешний не так стрáшен.

❹ К разря́ду больши́х заблуждéний стóит _____ (归入) и
разговóры о том, что э́то пéрвый _____ (世界性金融剧变).

❺ _____ (大萧条)в 30-е гг. 20 в. тóже носи́ла _____ (全
球性).

❻ Это, как сказáли бы сейчáс, _____ (金融危机), вы́званный
неразýмной _____ (货币政策) прави́тельства.

❼ Они́ всегдá на видý и как бы сáми по себé явля́ются _____ (报

税单）.

⑧ Мы не без иро́нии _____ （公布）в кни́ге _____ （富豪排行榜）.

⑨ В Кита́е к 2050 г. должны́ быть _____ （实现）таки́е _____ （战略目标）, как _____ （全面现代化）; значи́тельное _____ （提高地位）страны́ на _____ （国际舞台）и вы́ход на пе́рвое ме́сто в ми́ре по _____ （综合国力）.

⑩ В КНР признаю́т мно́гие пробле́мы, с кото́рыми _____ （碰上）страна́ при перехо́де _____ （计划经济）к ры́ночной.

⑪ Вступле́ние КНР в ВТО влечёт за собо́й постепе́нное сня́тие _____ （关税壁垒）и ограниче́ний для зарубе́жных партнёров при _____ （进口）их проду́кции в Кита́й.

⑫ Для э́того Кита́ю необходи́мо _____ （扩大销售市场）за рубежо́м, что он де́лает акти́вно в после́днее десятиле́тие и ещё бо́лее акти́вно по́сле _____ （加入世贸组织）.

⑬ В результа́те _____ （经济增长）и _____ （扩大外贸规模）уже́ вполне́ мо́жно рассма́тривать вариа́нт испо́льзования кита́йского юа́ня в ка́честве _____ （储备货币）для стран АТР.

⑭ На пе́рвом эта́пе рефо́рм Кита́й дава́л _____ （外商） _____ （税收优惠）, тра́тил миллиа́рды до́лларов на _____ （修建港口）, доро́г, _____ （光缆）и други́х объе́ктов _____ （基础设施）.

⑮ В Кита́е _____ （国民生产总值） _____ （人均）населе́ния развива́ется с ка́ждым го́дом.

练习5 把括号里的词变成适当形式填空，如需要加前置词。

① Под эконо́микой при́нято понима́ть систе́му обще́ственного произво́дства, проце́сс созда́ния материа́льных благ, необходи́мых _____ （челове́ческое о́бщество）для его́ норма́льного существова́ния и разви́тия, а та́кже нау́ку, изуча́ющую экономи́ческие проце́ссы.

② Эконо́мика обеспе́чивает _____ （лю́ди） _____ （материа́льные усло́вия）существова́ния.

③ Тюльпа́новая лихора́дка – э́то была́ попы́тка найти́ но́вый эквивале́нт _____ （зо́лото）.

④ Кита́й вы́шел в ряды́ стран со сре́дним у́ровнем ВНП _____
(душа́) населе́ния.

⑤ С осо́бым разме́хом но́вое строи́тельство развернýлось по́сле того́,
как Пеки́н завоева́л пра́во _____ (проведе́ние) XXIX ле́тних
Олимпи́йских игр.

⑥ В ваго́не ю́ноша уступи́л ме́сто _____ (стари́к).

⑦ Наприме́р, совсе́м ма́ло ста́ло у́личных торго́вцев _____ (о́вощи
и фру́кты).

⑧ Небоскрёбы поража́ют тури́стов _____ (свой разме́ры и ро́скошь).

⑨ В после́дние го́ды Кита́й постоя́нно удивля́ет мир _____ (свой
реко́рды) в са́мых ра́зных областя́х.

⑩ Согла́сно _____ (стати́стика), лишь 20% пеки́нцев испо́льзуют
велосипе́д в ка́честве _____ (тра́нспорт).

练习6 造句。

придá́ть что чему́ _____

обеспе́чить кого́ чем _____

име́ть виду́ что _____

по сравне́нию с чем _____

как..., так и... _____

на осно́ве чего́ _____

в результа́те чего́ _____

повле́чь за собо́й _____

练习7 将下列句子翻译成汉语。

① Под эконо́микой при́нято понима́ть систе́му обще́ственного произво́дства,
проце́сс созда́ния материа́льных благ, необходи́мых челове́ческому
о́бществу для его́ норма́льного существова́ния и разви́тия, а та́кже нау́ку,
изуча́ющую экономи́ческие проце́ссы.

_____

_____

_____

_____

2 Су́дя по всему́, Кита́ю удаётся не то́лько осуществи́ть бо́лее те́сную интегра́цию в мирову́ю эконо́мику, но и уже́ в пе́рвые го́ды по́сле вступле́ния в ВТО получи́ть определённые преиму́щества для разви́тия эконо́мики страны́ в результа́те её вхожде́ния в откры́тую мирову́ю торго́влю систе́му.

_____

_____

_____

3 Принципиа́льно ва́жным вне́шним фа́ктором, во мно́гом определя́ющим как перспекти́вы социа́льно-экономи́ческого разви́тия страны́, так и усиле́ние экономи́ческого влия́ния Кита́я в ми́ре, явля́ется вступле́ние КНР в ВТО.

_____

_____

4 На пе́рвом эта́пе рефо́рм Кита́й дава́л иностра́нным инве́сторам нало́говые льго́ты, дешёвую зе́млю и други́е сти́мулы, а та́кже тра́тил миллиа́рды до́лларов на строи́тельство порто́в, доро́г, гости́ниц, ли́ний оптоволоко́нной свя́зи и други́х объе́ктов инфраструкту́ры.

_____

_____

_____

5 Для реше́ния э́той зада́чи в экономи́ческой сфе́ре наме́чено увели́чить к 2020 г. валово́й вну́тренний проду́кт в 4 ра́за по сравне́нию с 2000 г., значи́тельно уси́лить совоку́пную мощь страны́ и междунаро́дную конкурентноспосо́бность, осуществи́ть в основно́м индустриализа́цию, повы́сить уде́льный вес городско́го населе́ния.

_____

_____

_____

_____

练习8 把下列句子翻译成俄语。

① 现在中国已经成为外商投资最具吸引力的地区。

_____

② 对此最好的证明就是世界 500 强企业中超过 400 家在中国开办了工厂。

_____

③ 为了使生产在国际市场具有竞争力，中国做了最大的努力来吸引外资、技术和人才。为了达到该目的，中国开辟了"高新技术园区"，园区内外商可以免费使用土地并免税。

_____

_____

_____

④ 人类的历史就是由无数的经济动荡构成的，现在的经济危机并没有想象的那么可怕。

_____

_____

⑤ 在许多关键领域，如汽车、钢铁、通信等，严格限制外商投资。

_____

⑥ 中国成功地完成了"三步走"纲领中的前两个阶段的任务，解决了人民的温饱问题并提高了居民的生活水平。

_____

_____

⑦ 中国承认，从计划经济转轨到市场经济时国家遇到了很多问题。

_____

_____

⑧ 北京首都机场投入使用后进入了世界上最大的航空港之列。

_____

⑨ 获得第 29 届夏季奥运会举办权后，北京开始了大规模的建设。

_____

⑩ 去年中国汽车的生产总量排名世界第一，超过了美国和日本。

_____

练习9 以《Эконо́мика в на́шей стране́》为题，写一篇俄语作文，不少于 300词。

_____

_____

_____

_____

_____

三、构词、语法、成语、修辞

练习10 把下列同根词翻译成汉语。

осмотре́ть _____

рассмотре́ть _____

просмотре́ть _____

подсмотре́ть _____

засмотре́ться _____

осмотре́ться _____

пересмотре́ть _____

предусмотре́ть _____

досмотре́ть _____

вы́смотреть _____

присмотре́ться _____

насмотре́ться _____

练习11 把下列词组翻译成汉语。

спра́виться с зада́чей _____

спра́виться с врага́ми _____

не спра́виться с ученика́ми

_____

спра́виться с боле́знью _____

спра́виться с несча́стьем

_____

спра́виться с волне́нием _____

спра́виться со слёзами

значи́тельное расстоя́ние

_____

значи́тельный прогре́сс _____

значи́тельное собы́тие _____

значи́тельные ли́ца _____

со́бственный дом _____

ви́деть со́бственными глаза́ми

_____

со́бственные и перено́сные значе́ния сло́ва

_____

со́бственный вес _____

со́бственные колеба́ния те́ла

_____

练习12 把下列同根词翻译成汉语并造句。

заме́тить _____

отме́тить _____

подме́тить _____

练习13 把下列词组翻译成汉语。

не так стра́шен чёрт, как его́ малю́ют

_____

по ме́ньшей ме́ре

сыгра́ть на́ руку кому́ _____

наводи́ть кого́ на мысль _____

练习14 把下列词组翻译成汉语。

в ви́де кого́ _____

в ви́де чего́ _____

для ви́да _____

под ви́дом кого́ _____

под ви́дом чего́ _____

вида́ть ви́ды _____

де́лать вид _____

быть на виду́ _____

у кого́ на виду́ _____

име́ть в виду́ кого́-что _____

име́ться в виду́ _____

ни под каки́м ви́дом _____

теря́ть и́з виду что _____

练习15 造句。

де́лать вид _____

име́ть в виду́ кого́-что _____

теря́ть и́з виду что _____

四、日积月累

И Москва́ не сра́зу стро́илась. 莫斯科不是一日建成的；不要急于求成。

И овцы́ це́лы и во́лки сы́ты. 既要狼吃饱，又要羊不少；难以两全其美。

五、国情点滴

俄罗斯历史上共有 21 人 16 次获得诺贝尔奖。1904 年巴甫洛夫（И.П.Па́влов）成为俄罗斯第一位诺贝尔奖获得者，最近在 2010 年康斯坦丁·诺沃肖洛夫（Константи́н Новосёлов，俄罗斯和英国双重国籍）、安德烈·海姆（Андре́й Константи́нович Ге́йм，俄罗斯裔荷兰和英国双重国籍）获得诺贝尔物理学奖。

六、练习答案

练习1 ① C ② G ③ D ④ H ⑤ J ⑥ F ⑦ I ⑧ E ⑨ A ⑩ B

练习2 经营能力, 历史发展的产物, 予以社会定位, 国际化进程, 引起轰动的三部曲, 金融金字塔, 华尔街, 金融崩溃, 脱离世界经济, 帮助, 经济 (发展的) 不规律, 铜币暴动, 盐商暴动, 货币政策, 郁金香狂热 (事件), 路易斯安那州, 南海泡沫事件, 艰难的90年代, 城邦国家, 禁止雅典货币流通, 杠铃片, 靠工资生活, 增加自己的财富, 虚拟的评价, 将财产收归国有, 陷入债务泥潭, 解决温饱问题, 实施规划, 达到发达国家经济水平, 社会经济发展成熟, 提高国家的国际地位, 人均国民生产总值中等的国家, 日益增长的需求, 建设小康社会, 按照官方外汇牌价折算, 提高比重, 消除差别增大的趋势, 完善社会保障体系, 社会就业, 为人民提供富裕的生活, 决定发展前景, 实现一体化, 影响规模, 国内市场的范围, 国内生产总值年增长7.5%, 广阔的中国市场, 扩大出口, 增加外资, 经济开放, 给予税收优惠, 在一系列重要领域, 钢铁业, 电信业, 放宽限制, 有竞争力的生产, 高新技术区, 无偿提供土地, 使人想到

练习3 эпóха застóя, систéма общéственного произвóдства, прóдукты питáния, эконимúческая сфéра, колúчество населéния, продýкт развúтия, рýночная эконóмика, регулúроваться госудáрством, интернационализáция, пережúвать крúзис, прогнóз относúтельно развúтия, носúть глобáльный харáктер, углубúться в истóрию, истóрия цивилизáции, налóговая полúтика, вырабóтается иммунитéт, олигáрх, Дрéвняя Грéция, серéбряные рудникú, монетáрная финáнсовая систéма, находúться под угрóзой, выпустить валюту, дать взятку, ВТО, по дешёвке скупáть, рéйтинг, обогатúться за счёт госудáрства, экономúческая рефóрма, прогрáмма «трёх шагóв», повышéние жúзненного ýровня населéния, стратегúческие цéли, социалистúческая модернизáция, материáльная цивилизáция, правовáя цивилизáция, духóвная цивилизáция, столкнýться с проблéмами, плáновая эконóмика, отстáлое общéственное произвóдство, проблéмы трудоустрóйства, проблéмы социáльного обеспéчения, осуществлéние стратегúческих задáч, ВВП, междунарóдная конкурентоспосóбность, осуществúть индустраиализáцию, создáть систéму рýночной эконóмики, открытая экономúческая систéма, повышáть дохóды населéния, усилéние экономúческого влияния, úмпорт прóдукции в Китáй, получúть определённые преимýщества, вхождéние в открытую мировýю торгóвую систéму, по мéре развúтия глобализáции, рост произвóдства прóдукции, рост чи́сленности населе́ния, расширя́ть ры́нки сбы́та, примо́рский райо́н, центра́льное прави́тельство, рост потребле́ния, Азиа́тско-тихоокеа́нский регио́н (АТР), по ме́ньшей ме́ре, организова́ть предприя́тие, экспорти́ровать проду́кцию, объём прода́ж, совме́стное предприя́тие (СП), защи́та ме́стных производи́телей, привлече́ние иностра́нных инвести́ций, привлече́ние техноло́гий и ка́дров, освобожде́ние от нало́гов, вести́ до́лгие перегово́ры, максима́льно благоприя́тные усло́вия

练习4

① обще́ственного произво́дства, материа́льных благ

② материа́льными усло́виями, предме́тами потребле́ния

③ экономи́ческих потрясе́ний

④ отнести́, фина́нсовый катакли́зм мирово́го масшта́ба

⑤ Вели́кая депре́ссия, глоба́льный хара́ктер

⑥ фина́нсовый кри́зис, монетари́стской поли́тикой

⑦ нало́говой деклара́цией

⑧ опубликова́ли, ре́йтинг олига́рхов

⑨ дости́гнуты, стратеги́ческие це́ли, всесторо́нняя модерниза́ция, повыше́ние ста́туса, междунаро́дной аре́не, совоку́пной госуда́рственной мо́щи

⑩ столкну́лась, пла́новой эконо́мики

⑪ тамо́женных барье́ров, и́мпорте

⑫ расширя́ть ры́нки сбы́та, вступле́ния в ВТО

⑬ экономи́ческого ро́ста, увеличе́ния объёма вне́шней торго́вли, резе́рвной валю́ты

⑭ иностра́нным инве́сторам, нало́говые льго́ты, стро́ительство порто́в, ли́ний оптоволоко́нной свя́зи, инфраструкту́ры

⑮ ВНП, на ду́шу

练习5

① челове́ческому о́бществу

② люде́й, материа́льными усло́виями

③ зо́лоту

④ на ду́шу

⑤ на проведе́ние

⑥ старику́

⑦ овоща́ми и фру́ктами

⑧ свои́ми разме́рами и ро́скошью

⑨ свои́ми реко́рдами

⑩ стати́стике, тра́нспорта

练习7

1. 通常，经济指的是社会生产体系、创造人类社会正常生存和发展必需的物质财富的过程以及研究经济进程的科学。

2. 总之，中国不仅能成功地实现与世界经济的一体化，而且在加入世界贸易组织的最初几年里，由于进入了开放的世界贸易体系，因而获得了一定的优势来发展国家经济。

3. 在很大程度上决定国家社会经济发展前景及增强中国对世界经济影响力最重要的外部因素就是中国加入了世界贸易组织。

4. 改革的第一阶段中国给外商提供税收优惠、廉价的土地和其他刺激因素，还花费数十亿美元建设港口、道路、宾馆、通信光缆和其他基础设施。

5. 为了解决经济领域的这一问题，计划到2020年国内生产总值要增长到2000年的4倍，显著提高综合国力和国际竞争力，基本实现工业化，提高城市人口的比重。

练习8

1. В настоя́щее вре́мя Кита́й стал са́мой привлека́тельной зо́ной для иностра́нных инвести́ций.

2. Лу́чшим свиде́тельством тому́ явля́ется факт: в настоя́щее вре́мя бо́лее 400 из 500 веду́щих мировы́х компа́ний организова́ли в Кита́е свои́ предприя́тия.

3. Для созда́ния конкурентноспосо́бных на мирово́м ры́нке произво́дств Кита́й де́лает всё возмо́жное для привлече́ния иностра́нных инвести́ций, техноло́гий и ка́дров. Для достиже́ния э́той це́ли в КНР бы́ли со́зданы "зо́ны высо́ких техноло́гий", где иностра́нным инве́сторам предлага́ются беспла́тно земе́льные уча́стки и освобожде́ние от нало́гов.

4. Вся исто́рия челове́чества состои́т из экономи́ческих потрясе́ний, и кри́зис ны́нешний не так стра́шен, как его́ малю́ют.

5. Та́кже жёстко ограни́чивались иностра́нные инвести́ции в ря́де ключевы́х о́траслей, таки́х, как автомоби́льная, сталелите́йная и телекоммуника́ции.

6. Кита́й успе́шно спра́вился с зада́чами пе́рвого и второ́го эта́пов програ́ммы "трёх шаго́в", что позво́лило реши́ть зада́чу "обогре́ть и накорми́ть" наро́д и обеспе́чить повыше́ние жи́зненного у́ровня населе́ния.

7. В Кита́е признаю́т мно́гие пробле́мы, с кото́рыми столкну́лась страна́ при перехо́де от пла́новой эконо́мики к ры́ночной.

8. Пеки́нский аэропо́рт "Шоуду" по́сле вво́да в строй вошёл в число́ крупне́йших возду́шных га́ваней плане́ты.

⑨ С осо́бым разма́хом но́вое строи́тельство развернýлось по́сле того́, как Пеки́н завоева́л пра́во на проведе́ние XXIX ле́тних Олимпи́йских игр.

⑩ По ито́гам про́шлого го́да КНР вы́шла на 1-е ме́сто в ми́ре по произво́дству автомоби́лей, оста́вив позади́ США и Япо́нию.

练习10　细看,端详;① 看清楚 ② 分析,研究;① 翻阅,浏览 ② 看漏,忽略过去;偷看,窥视;看得出神,观赏得入迷;环顾,四处张望;① 翻检,细看(全部或许多)② 重看一遍 ③ 修改,修订;预见;看完;看到,发现;细看,端详;看够,看很久

练习11　胜任任务,打败敌人,管不住学生,战胜疾病,摆脱灾祸,克制住激动,控制住眼泪,很远的距离,很大的进步,重大事件,重要人物,自己的房子,亲眼看见,词的本义和转义,自身重量,物体的固有振动

练习13　鬼并不像人们描绘的那样可怕(比喻传说往往比实际更可怕);至少;有利于,有助于;使……产生想法

练习14　以……样子;① 以……样子,以……形式,像……,……形状的 ② 作为,当做;为了做样子,为了装门面;冒充……,装作……样子,假扮;借口……,以……为托词,装作……;① 见过世面,饱经世故 ② 很旧的,破旧的,穿过多年的,穿烂了的,旧式的;装出……样子,假装;在视野内,看见;在视野内,在眼前;① 指的是…… ② 注意到,考虑到;① 指的是…… ② 受到重视;在任何情况下都不……,无论如何也不;① 看不见,从视野中失去 ② 失去同……的联系,不知……的下落 ③ 忽略,忽视,忘掉

Урок 7

一、词汇
二、课文和言语训练
三、构词、语法、成语、修辞

四、日积月累
五、国情点滴
六、练习答案

一、词汇

练习1 为下列词语选择正确的解释。

1 отчита́ться   _____

2 зарази́ть   _____

3 корру́пция   _____

4 намёк   _____

5 пренебреже́ние   _____

6 девальва́ция   _____

7 реперти́торство   _____

8 предупрежда́ть   _____

9 отчисля́ть   _____

10 взя́тка   _____

A. де́ньги и́ли ве́щи, дава́емые до́лжностному лицу́ как по́дкуп, как опла́та престу́пных, кара́емых зако́ном де́йствий

B. дать кому́-н. отчёт в свои́х де́йствиях

C. де́нежная рефо́рма, состоя́щая в положе́нии официа́льного ку́рса обраща́ющихся бума́жных де́нег по отноше́нию к зо́лоту и́ли иностра́нной валю́те

D. по́мощь кому́-н. в прохожде́нии ку́рса, в уче́нии

E. сло́во и́ли выраже́ние, в кото́ром не по́лностью вы́сказанная мысль мо́жет быть понята́ то́лько по дога́дке

F. по́дкуп взя́тками, прода́жность до́лжностных лиц, нолити́ческих де́ятелей

G. уво́лить

H. зара́нее извести́ть, уве́домить

I. переда́ть зара́зу кому́-чему́-н.

J. высокоме́рное, лишённое вся́кого уваже́ния и внима́ния отноше́ние к кому́-чему́-н.

二、课文和言语训练

练习2 将下列词组翻译成汉语。

Боло́нская Деклара́ция _____

есте́ственные нау́ки _____

гуманита́рные нау́ки _____

техни́ческие нау́ки _____

прести́жный оте́ль _____

прести́ж вла́сти _____

учи́ться на юри́стов _____

пла́тное образова́ние _____

подде́рживать приорите́тные направле́ния

_____

подгото́вленные лю́ди _____

се́рые за́работки _____

поста́вить зачёт _____

ви́це-президе́нт РАН _____

университе́т техни́ческого про́филя _____

练习3 将下列词或词组翻译成俄语。

讲师和助教 _____

博士生导师 _____

学年度 _____

学时 _____

必修课 _____

选修课 _____

学位　　　_____

学衔　　　_____

学生证　　_____

本科生部　_____

研究生部　_____

博士生部　_____

学术委员会　_____

招生委员会　_____

考试委员会　_____

入学考试　_____

预科部　　_____

学年论文　_____

毕业论文　_____

论文答辩　_____

记分册　　_____

打小抄　　_____

练习4 将括号里的词组翻译成俄语。

① Основно́й це́лью образова́ния явля́ется _____ （人获得文化经验）, востре́бованного о́бществом и обеспе́чивающего ему́ культу́рное разви́тие, поско́льку _____ （在……期间）всей обще́ственной и ли́чной жи́зни челове́ку есть чему́ поучи́ться.

② Специа́льность образова́ния – совоку́пность зна́ний, представле́ний, уме́ний, и на́выков выпускника́, приобретённых в проце́ссе обуче́ния по основны́м профессиона́льным образова́тельным програ́ммам вы́сшего образова́ния и обеспе́чивающих возмо́жность определённого ви́да професиона́льной де́ятельности _____ （符合）присва́иваемой квалифика́цией.

③ Нау́чная рабо́та подразумева́ет посеще́ние специа́льных ку́рсов и специа́льных семина́ров и состои́т в самостоя́тельных иссле́дованиях под наблюде́нием нау́чных руководи́телей: в конце́ уче́бного го́да студе́нт обя́зан _____ （汇报自己为科学做的贡献）в ви́де пи́сьменной курсово́й рабо́ты.

④ В не́которых слу́чаях второ́й дипло́м – конкуре́нтное _____（与其他求职者的优势）на получе́ние заве́тной до́лжности.

⑤ Второ́е вы́сшее образова́ние _____（与第一教育的不同还在于），что мо́жно выбира́ть фо́рму обуче́ния – дневну́ю, вече́рнюю и́ли заочную, а та́кже мо́жно сдать экза́мены экстерном.

⑥ МГУ занима́ет одно́ из пе́рвых мест _____（大学排行榜）в ми́ре.

⑦ _____（与……不同）специа́льности вы́сшего образова́ния, направле́ние образова́ния обеспе́чивает специали́сту бо́лее широ́кую о́бласть профссиона́льной де́ятельности.

⑧ Большинство́ пошло́ учи́ться на юри́стов, ме́неджеров, управле́нцев, что сра́зу _____（导致人才过剩）.

⑨ _____（公费生的数量）увели́чивается.

⑩ _____（藐视俄语），мат стано́вятся но́рмой жи́зни.

⑪ В не́которых ву́зах цена́ курсово́й рабо́ты дохо́дит до 500 до́лларов, дипло́мной – до 1000 до́лларов и бо́льше, _____（取决于）сло́жности предме́та и прести́жности ву́за.

⑫ _____（原则上），рефера́т и́ли курсову́ю мо́жно купи́ть и без преподава́теля – _____（从网上下载）.

⑬ Это ещё три го́да нау́чной рабо́ты под крыло́м своего́ факульте́та, _____（在……期间）кото́рых аспира́нт обя́зан _____（通过副博士最低限度考试）и _____（准备论文）.

⑭ Я уве́рен, что пона́добятся специали́сты _____（工科的）.

⑮ Дава́йте посмо́трим _____（大学生论坛）в интерне́те.

⑯ Росси́я присоедини́лась к _____（博洛尼亚宣言）.

⑰ Ва́жно, что́бы ка́ждый челове́к отвеча́л _____（对自己的工作）.

⑱ Студе́нты второ́го ку́рса перехо́дят к бо́лее продви́нутому изуче́нию _____（公共课）.

⑲ В настоя́щее вре́мя в связи́ с высо́кой пла́той за обуче́ние в ву́зах не́которые студе́нты пережива́ют материа́льные тру́дности и вы́нуждены _____（辍学）.

⑳ _____（在开放日），когда́ прису́тствуют 2 тыс. мам и пап, я говорю́: е́сли есть да́же намёк на взя́тку от како́го-то преподава́теля, ну, приди́те сюда́, в э́тот кабине́т, скажи́те!

练习5 把括号里的词变成适当形式填空，如需要加前置词。

1. Основно́й це́лью образова́ния явля́ется приобрете́ние _____ (челове́к) культу́рного о́пыта, востре́бованного _____ (о́бщество) и обеспе́чивающего _____ (он) культу́рное разви́тие, поско́льку на протяже́нии _____ (обще́ственная и ли́чная жизнь) _____ (челове́к) есть чему́ поучи́ться.

2. Оно́ должно́ позво́лить челове́ку поня́ть самого́ себя́ и окружа́ющую _____ (он) среду́ и соде́йствовать _____ (выполне́ние) его́ социа́льной ро́ли в проце́ссе труда́ и жи́зни в о́бществе.

3. Росси́я присоедини́лась _____ (Боло́нская Деклара́ция).

4. Но большинство́ пошли́ учи́ться на юри́стов, ме́неджеров, управле́нцев, что сра́зу привело́ _____ (их переизбы́ток).

5. Он заве́дует _____ (ка́федра) математи́ческого ана́лиза меха́нико-математи́ческого факульте́та, возглавля́ет Институ́т математи́ческих иссле́дований сло́жных систе́м МГУ.

6. В настоя́щее вре́мя ле́кции зачасту́ю превраща́ются _____ (дикта́нт), потому́ что с одно́й стороны́, така́я фо́рма заня́тий вполне́ устра́ивает не́которых студе́нтов, так как понима́ния в да́нном слу́чае не тре́буется, и на экза́мене мо́жно воспо́льзоваться _____ (шпара́лка) и́ли при подгото́вке отде́латься зубрёжкой.

7. Роди́тели должны́ отвеча́ть _____ (свои́ де́ти).

8. У молоды́х пони́жен иммуните́т _____ (неприя́тные в о́бществе де́йствия).

9. Бо́льше всего́ де́нег студе́нты тра́тят _____ (взя́тки) _____ (преподава́тели).

10. Мы не в состоя́нии _____ (вы́полнить) зада́чи.

11. На второ́м ку́рсе студе́нты приступа́ют _____ (самостоя́тельная нау́чная рабо́та).

12. _____ (Мы) предстои́т реши́ть э́ту пробле́му.

13. В не́которых слу́чаях второ́й дипло́м — конкуре́нтное преиму́щество _____ (други́е соиска́тели) на получе́ние заве́тной до́лжности.

14. Измене́ние усло́вий слу́жит _____ (причи́на) возникнове́ния стре́ссов.

15. Студе́нты подве́ржены _____ (хрони́ческий стре́сс).

⑯ Если университéт не живёт свобóдной наýкой, то в такóм слýчае он не достóин _____ (звáние) университéта.

⑰ Студéнты специáльно занимáются математикой, но они не чýжды _____ (остальны́е óтрасли) наýки.

⑱ Университéт действи́тельно удовлетворя́ет _____ (своё назначéние).

⑲ В настоя́щее врéмя в связи́ _____ (высóкая плáта) _____ (обучéние) в вýзах нéкоторые студéнты пережива́ют материáльные трýдности и вы́нуждены поки́нуть университéт.

⑳ Такáя фóрма заня́тий устрáивает и мнóгих преподавáтелей, потомý что онá позволя́ет отгороди́ться _____ (студéнты).

练习6 造句。

в соотвéтствии с чем	_____
в отли́чие от чегó	_____
в связи́ с чем	_____
в зави́симости от чегó	_____
отличи́ть	_____
предстоя́ть	_____
служи́ть чем	_____
речь идёт о чём	_____

练习7 把下列句子翻译成汉语。

① Поскóльку Росси́и достáлась систéма образовáния СССР, то в то врéмя вýзы могли́ вмести́ть лишь 20-30% от числá всех выпускникóв.

_____

_____

② В связи́ с перехóдом на нóвые образовáтельные стандáрты – бакала-вриáт и магистратýра, абитуриéнтов вýзов в 2011 годý ждут серьёзные нововведéния, свя́занные с замéной основны́х поня́тий. Тепéрь в заявлéниях абитуриéнты бýдут писáть о поступлéнии не на специáльность, а на направлéние подготóвки бакалавриáта.

_____

_____

_____

_____

③ Но большинство́ пошло́ учи́ться на юри́стов, ме́неджеров, управле́нцев, что сра́зу привело́ к их переизбы́тку.

_____

_____

④ Минобрнау́ки отчита́лось, что коли́чество бюдже́тных мест увели́чилось аж на 11 на ка́ждую ты́сячу! Да э́то про́сто – очередны́е "дрова́" в то́пку корру́пции!

_____

_____

⑤ Не ду́маю, что на есте́ственных факульте́тах есть корру́пция. Она́ скоре́е там, где огро́мные ко́нкурсы.

_____

_____

⑥ На дне откры́тых двере́й, когда́ прису́тствуют 2 тыс. мам и пап, я говорю́: е́сли есть да́же намёк на взя́тку от како́го-то преподава́теля, ну, приди́те сюда́, в э́тот кабине́т, скажи́те!

_____

_____

⑦ Он заве́дует ка́федрой математи́ческого ана́лиза меха́нико-математи́ческого факульте́та, возглавля́ет Институ́т математи́ческих иссле́дований сло́жных систе́м МГУ.

_____

_____

⑧ Это ра́ньше мо́жно бы́ло безбе́дно жить с "хвоста́ми". Тепе́рь студе́нтов сра́зу предупрежда́ют: не сдаёте в се́ссию оди́н предме́т – неме́дленно отчисля́ем, никаки́х пересда́ч. Потому́ что в пла́тных гру́ппах полно́ претенде́нтов на освобожда́ющиеся места́.

_____

_____

_____

_____

⑨ Слу́чаи перехо́да студе́нтов с одного́ отделе́ния на друго́е доста́точно ре́дки – им прихо́дится сдава́ть так называ́емую "академи́чексую ра́зницу".

_____

_____

⑩ Наприме́р, е́сли студе́нту рома́но-герма́нского отделе́ния к концу́ пе́рвого ку́рса вдруг захо́чется стать руси́стом, в э́ту "ра́зницу" войду́т древнегре́ческий и старославя́нский языки́, кото́рые ему́ самостоя́тельно придётся осва́ивать "с нуля́".

_____

_____

_____

_____

练习8 **把下列句子翻译成俄语。**

❶ 对某些人来说，高等教育只是通往仕途的一个台阶，有些人则把高等教育看成是提高自己职业水平的机会。

_____

_____

❷ 与高等教育的专业不同，教育方向提供给未来的专家更广阔的职业活动范围。

_____

❸ 当俄罗斯连种地的人都没有的时候，是不是还需要这么多受过高等教育的人？

_____

_____

❹ 他 1966 年开始在莫斯科大学工作，曾任助教、副教授、教授、系副主任、副校长助理、副校长、第一副校长。从 1992 年起到现在任莫大校长。

_____

❺ 一年级学生主要听基础课程导论课。

_____

❻ 大学生活的压力主要来自于情感紧张和学业繁重，与中学生活相比条件的变化是产生不同程度压力的原因。

_____

_____

⑦ 大学生活的压力主要表现在：考试前的焦虑与担心、学习成绩不好、学业压力大及睡眠不足等。

_____

_____

⑧ 第二学历的优势在于不用入学考试。入学面试的任务在于评定其教育水平，帮助其选择必修的课程。

_____

_____

⑨ 如果大学不能以学术自由为己任，那么它就不配称为大学。

_____

⑩ 特别优秀的毕业生可以进入研究生院，通常都是在他们毕业的教研室读研究生。他们在系里进行三年的科研工作，期间研究生必须通过副博士最低限度考试并撰写论文。

_____

_____

练习9 以《Вы́сшее образова́ние в Кита́е: проблéмы и перспекти́вы》为题，写一篇俄语作文，不少于300词。

_____

_____

_____

_____

_____

_____

三、构词、语法、成语、修辞

练习10 把下列词组翻译成汉语。

провести́ ли́нию карандашо́м　　_____

провести́ рефо́рму　　　　　　　_____

провести́ собра́ние　　　　　　　_____

провести́ ле́то на ю́ге　　　　　　_____

ввести паро́ль   _____

ввести кого́ в обма́н   _____

ввести кого́ в заблужде́ние   _____

ввести но́вую мето́дику преподава́ния_____

ввести электроста́нцию в эксплуата́цию

    _____

ввести но́вое лека́рство в употребле́ние

    _____

привести́ соба́ку домо́й   _____

привести́ кого́ к пра́вильному заключе́нию

    _____

привести́ кого́ в затрудне́ние   _____

привести́ кого́ в хоро́шее настрое́ние   _____

привести́ кого́ в восто́рг   _____

привести́ маши́ну в движе́ние   _____

привести́ ко́мнату в поря́док   _____

привести́ к ги́бели   _____

привести́ к пораже́нию   _____

привести́ приме́р   _____

привести́ да́нные о ро́сте промы́шленности

    _____

вы́вести дете́й и́з дому   _____

вы́вести войска́ на пара́д   _____

вы́вести кого́ из состоя́ния поко́я   _____

вы́вести кого́ из терпе́ния   _____

вы́вести фо́рмуру   _____

вы́вести заключе́ние   _____

вы́вести цыпля́т   _____

вы́вести засухоусто́йчивую пшени́цу

    _____

отвести́ дете́й от ма́тери   _____

довести́ ребёнка до де́тского са́да   _____

довести работу до конца _____

завести детей домой _____

завести школу _____

завести мотор _____

производить станок _____

произвести на кого глубокое впечатление

_____

подвести детей к выходу _____

подвести товарища _____

подвести итоги _____

развести гостей по комнатам _____

развести сына с женой _____

развести цветы в саду _____

увести дочь с вечера _____

свести сына в зоопарк _____

не сводить глаз с кого _____

练习11 把下列词组翻译成汉语并造句。

в состоянии _____

в принципе _____

за счёт чего _____

в какой мере _____

练习12 选择下列词组的正确意义。

① за плечами _____

② с плеч сбросить _____

③ ложиться на плечи _____

④ лежать на плечах _____

⑤ кому по плечу _____

⑥ с плеча _____

A. ① 过去，曾经（有过某种经历等）② 很近（指时间或空间）

B. 摆脱（重负，麻烦等）

C. 落到……肩上，由……担当

D. 落在……肩上，……肩负，……担当

E. 胜任，能够担负起，力所能及

F. 不假思索地，轻率地，鲁莽地

练习13 把下列带有**сила**的词组翻译成汉语。

комý по сúлам　＿＿＿＿＿＿＿＿＿＿＿＿＿

комý не под сúлу　＿＿＿＿＿＿＿＿＿＿＿＿＿

изо всех сил　＿＿＿＿＿＿＿＿＿＿＿＿＿

вступúть в сúлу　＿＿＿＿＿＿＿＿＿＿＿＿＿

не в сúлах　＿＿＿＿＿＿＿＿＿＿＿＿＿

собирáться с сúлами　＿＿＿＿＿＿＿＿＿＿＿

набирáться сил　＿＿＿＿＿＿＿＿＿＿＿＿＿

всéми сúлами　＿＿＿＿＿＿＿＿＿＿＿＿＿

в сúлах (в сúле)　＿＿＿＿＿＿＿＿＿＿＿＿＿

练习14 造句。

по сúлам　＿＿＿＿＿＿＿＿＿＿＿＿＿

не под сúлу　＿＿＿＿＿＿＿＿＿＿＿＿＿

в сúлах　＿＿＿＿＿＿＿＿＿＿＿＿＿

练习15 把下列句子翻译成汉语，注意带有**сила**的词组。

① Никтó не в сúлах повлиять на негó.

② Мáльчик побежáл по бéрегу изо всех сил.

③ Соглашéние вступúло в сúлу.

④ Такáя операция былá тепéрь под сúлу подпóльной организáции.

⑤ Он всéми сúлами скрыть свой секрéты.

练习16 举例说明 бóлее 和 бóлее чем 的用法。

_____

_____

_____

_____

_____

练习17 选择正确答案填空。

① Я сдéлал доклáд _____ .

A. бóлее чем ста студéнтам   B. бóлее чем ста студéнтов

C. бóлее ста студéнтов   D. бóлее ста студéнтам

② Хирýрг сдéлал операции _____ .

A. бóлее двадцати больны́х

B. бóлее двадцати больны́м

C. бóлее чем двадцати больны́м

D. бóлее чем двадцати больны́х

③ На собрáнии присýтствовали профессорá и специали́сты _____ .

A. из бóлее 50 институ́тов   B. из бóлее чем 50 институ́тов

C. бóлее из 50 институ́тов   D. бóлее чем из 50 институ́тов

④ Комитéт рýсских жéнщин поддéрживает свя́зи с жéнскими организáциями разли́чных направлéний _____ ми́ра.

A. в бóлее ста стрáнах   B. в бóлее чем ста стрáнах

C. бóлее в ста стрáнах   D. бóлее чем в ста стрáнах

⑤ Он сдéлал доклáд _____ .

A. в бóлее ста университéтах

B. бóлее в ста университéтах

C. в бóлее чем ста университéтах

D. бóлее чем в ста университéтах

练习18 举例说明俄语中的метáфора，эпи́тет，э́ллипсис的辞格。

_____

_____

_____

_____

_____

_____

练习19 选择正确答案回答问题。

① К какóму стилисти́ческому трóпу отнóсится "Жизнь – э́то сон."?

    A. К сравнéнию.   B. К градáции.

    C. К метáфоре.   D. К перифрáзе.

② К какóму стилисти́ческому трóпу отнóсится "Молчáние – зóлото."?

    A. К метáфоре.   B. К сравнéнию.

    C. К гибербóле.   D. К метони́мии.

③ К какóй фигу́ре отнóсится "Кру́жатся в вóздухе печáльные ли́стья."?

    A. К эпи́тету.   B. К метáфоре.

    C. К сравнéнию.   D. К ирóнии.

④ К какóй фигу́ре отнóсится "Татья́на в лес, медвéдь за ней.", когдá в э́том предложéнии глагóлы не употребля́ются?

    A. К антитéзе.   B. К э́ллипсису.

    C. К сравнéнию.   D. К умолчáнию.

⑤ К какóй фигу́ре отнóситься "Слóвно сам охвáченный дремóй, стари́к-океáн бу́дто прити́х."?

    A. К эпи́тету.   B. К метáфоре.

    C. К сравнéнию.   D. К ирóнии.

四、日积月累

Из искры́ возгори́тся плáмя. 星星之火可以燎原。

Кто не рабóтает, тот не ест. 不劳者不得食。

五、国情点滴

"俄罗斯统一日"（День наро́дного еди́нства）是俄罗斯最年轻的节日。1610 年波兰人进入莫斯科。1612 年由波查尔斯基（Д.М.Пожа́рский）公爵和市民米宁（Ми́нин Кузьма́）组织起一支军队反抗波兰入侵者，各地人民纷纷响应。1612 年秋收复了莫斯科，为纪念这一事件 11 月 4 日被定为"俄罗斯统一日"。2004 年 12 月俄罗斯总统下令将 11 月 4 日当作俄罗斯一个新的全民族节日来庆祝。

六、练习答案

练习1 ❶B ❷I ❸F ❹E ❺J ❻C ❼D ❽H ❾G ❿A

练习2 博洛尼亚宣言, 自然科学, 人文科学, 工学, 声誉高的宾馆, 政府的威信, 学习当律师, 收费教育, 支持优势学科, 受教育的人, 灰色收入, 打分, 俄罗斯科学院副院长, 工科大学

练习3 ста́рший преподава́тель и ассисте́нт, нау́чный руководи́тель доктора́нтов, академи́ческий год, академи́ческий час, обяза́тельный предме́т, факульта́тивный предме́т, учёная сте́пень, учёное зва́ние, студе́нческий биле́т, бакалавриа́т, магистрату́ра (аспиранту́ра) , докторанту́ра, учёный сове́т, приёмная коми́ссия, экзаменацио́нная коми́ссия, вступи́тельные испыта́ния (экза́мены), подготови́тельное отделе́ние, курсова́я рабо́та, дипло́мная рабо́та, защи́та диссерта́ции, зачётная кни́жка, воспо́льзоваться шпара́лкой

练习4

❶ приобрете́ние челове́ком культу́рного о́пыта, на протяже́нии

❷ в соотве́тствии с

❸ отчита́ться о своём вкла́де в нау́ку

❹ преиму́щество пе́ред други́ми соиска́телями

❺ отлича́ется от пе́рвого ещё тем

❻ в ре́йтинге ву́зов

❼ В отли́чие от

❽ привело́ к их переизбы́тку

❾ Коли́чество бюдже́тных студе́нтов

❿ Пренебреже́ние к ру́сскому языку́

⓫ в зави́симомти от

⓬ В при́нципе, скача́ть из Интерне́та

⑬ в тече́ние, сдать кандида́тский ми́нимум, подгото́вить диссерта́цию

⑭ техни́ческого про́филя

⑮ студе́нческие фо́румы

⑯ Боло́нской Деклара́ции

⑰ за свою́ рабо́ту

⑱ о́бщих дисципли́н

⑲ поки́нуть университе́т

⑳ На дне откры́тых двере́й

练习5

① челове́ком, о́бществом, ему́, обще́ственной и ли́чной жи́зни, челове́ку

② его́, выполне́нию

③ к Боло́нской Деклара́ции

④ к их переизбы́тку

⑤ ка́федрой

⑥ в дикта́нт, шпара́лкой

⑦ за свои́х дете́й

⑧ к неприя́тным в о́бществе де́йствиям

⑨ на взя́тки, преподава́телям

⑩ вы́полнить

⑪ к самостоя́тельной нау́чной рабо́те

⑫ Нам

⑬ пе́ред други́ми соиска́телями

⑭ причи́ной

⑮ хрони́ческому стре́ссу

⑯ зва́ния

⑰ остальны́м о́траслям

⑱ своему́ назначе́нию

⑲ с высо́кой пла́той, за обуче́ние

⑳ от студе́нтов

练习7

① 因为俄罗斯沿袭了苏联的教育体制，当时大学只能接受20%—30%的中学毕业生。

② 由于实施新的教育标准，即学士和硕士制，2011年招生将有新举措，原来的概念已被取代。现在填报志愿时毕业生将不是填写报考专业，而是填写本科培养的方向。

③ 大量学生学习法律、经营、管理，这就导致这样的人才过剩。

④ 教育与科学部报告指出, 公费生的数量每1000人增加11个, 但这只不过是为腐败火上浇油罢了。

⑤ 我不认为理科系会有腐败, 腐败只会产生在竞争大的院系。

⑥ 在开放日那天会有2000名父母到来, 我会对他们说: 如果哪位老师暗示要收取贿赂, 那么, 到我的办公室告诉我!

⑦ 他主持力学数学系数学分析教研室的工作, 同时领导莫大复杂系统数学研究所的工作。

⑧ 在以前考试垫底也无所谓。但现在马上会警告学生: 在考期内有一门课不及格, 立刻开除 (出公费班), 没有任何补考机会。因为在自费班有的是人想得到这些空出来的名额。

⑨ 学生从一个系转到另一个系的情况非常少: 他们必须要通过所谓的 "学科差异" 考试。

⑩ 例如, 罗曼德语系的学生在一年级末突然想学俄语专业, 那么这种 "学科差异" 考试就包括古希腊语和古斯拉夫语, 这些课程他必须从零开始自学。

练习8

① Для кого́-то вы́сшее образова́ние э́то то́лько одна́ из ступе́нек карье́ры, кто́-то ви́дит в вы́сшем образова́нии возмо́жность повы́сить свой профессиона́льный у́ровень.

② В отли́чие от специа́льности вы́сшего образова́ния, направле́ние образова́ния обеспе́чивает специали́сту бо́лее широ́кую о́бласть профессиона́льной де́ятельности.

③ Ну́жно ли Росси́и тако́е большо́е коли́чество люде́й с вы́сшим образова́нием, когда́ не́кому зе́млю паха́ть?

④ Он на́чал рабо́тать в МГУ с 1966 го́да, снача́ла в до́лжности ассисте́нта, зате́м доце́нта, профе́ссора, замести́теля дека́на, замести́теля проре́ктора, проре́ктора, пе́рвого проре́ктора. С 1992 го́да по настоя́щее вре́мя – ре́ктор МГУ.

⑤ На пе́рвом ку́рсе студе́нты в основно́м слу́шают вво́дные ку́рсы по ба́зовым дисципли́нам.

⑥ Стре́ссы студе́нческой жи́зни свя́заны с высо́кой эмоциона́льной напряжённостью студе́нтов и си́льной академи́ческой загру́женностью, измене́ние усло́вий по сравне́нию со шко́льной жи́знью слу́жит причи́ной возникнове́ния стре́ссов разли́чной си́лы и глубины́.

⑦ Среди́ стре́ссов студе́нческой жи́зни наибо́лее отме́чены: трево́га и страх пе́ред се́ссией, неуда́чи в учёбе, больша́я уче́бная нагру́зка, недосыпа́ние и др.

⑧ Привиле́гия второ́го вы́сшего образова́ния – как таково́е отсу́тствие вступи́тельных экза́менов. Зада́ча проводи́мых при вступле́нии собесе́дований в определе́нии образова́тельного у́ровня, что помога́ет вы́брать необходи́мые предме́ты.

⑨ Е́сли университе́т не живёт свобо́дной нау́кой, то в тако́м слу́чае он не досто́ин зва́ния университе́та.

⑩ Осо́бо выдаю́щиеся выпускники́ мо́гут поступи́ть в аспиранту́ру, ча́ще всего́ – при той ка́федре, на кото́рой они́ защища́ли дипло́м. Э́то ещё три го́да нау́чной рабо́ты под крыло́м своего́ факульте́та, в тече́ние кото́рых аспира́нт обя́зан сдать кандида́тский ми́нимум и подгото́вить диссерта́цию.

练习10 用铅笔画一条线，进行改革，举行会议，在南方度过夏天，输入密码，使……上当，使……误入歧途，使用新的教学法，使发电站投入使用，开始使用新药，把狗领回家，使……得出正确结论，使……为难，使……心情好，使……高兴，使机器运转起来，使房间井然有序，导致灭亡，导致失败，举例子，列举工业增长的数据，领孩子出家门，率领军队检阅，使……失去安宁，使……失去耐心，列出公式，得出结论，孵出小鸡，培育抗旱小麦，把小孩从妈妈身边领走，把孩子领到幼儿园，将工作干完，顺便领孩子回家，建学校，发动马达，生产机床，对……产生强烈印象，把孩子领到出口，戏弄同学，作总结，领客人到各自房间，使儿子与其妻子离婚，在花园养花，把女儿从晚会领回，领儿子去动物园，目不转睛地看……

练习11 能够，原则上，依靠……，在……程度上

练习12 ①A ②B ③C ④D ⑤E ⑥F

练习13 胜任，能担当；（接不定式）不能，不胜任；竭尽全力地，拼命地；生效；（接不定式）能，能够；养精蓄锐，恢复精力；积蓄精力；千方百计地，竭尽全力地；（接不定式）能，能够

练习15
① 谁也不能影响他。
② 小男孩沿着河岸拼命奔跑。
③ 协议已经生效。
④ 地下组织已经能够胜任这样的活动。
⑤ 他想方设法掩盖自己的秘密。

练习16 "бóльше (бóлее)+数词, мéньше (мéнее)+数词"中要求数词用第二格，而 "бóльше чем (бóлее чем) +数词或мéньше чем (мéнее чем)+数词"中数词可以用任意格，所以当"数词+名词"组合处于直接格（第一格、第四格）时，可以上两种形式中的任何一种，而当"数词+名词"组合处于间接格时，则只能用后者。例如：На плóщади, рáвной бóлее чем миллиóну квадрáтных мéтров, созрéли хлебá. (在100多万平方米的土地上庄稼成熟了。) Он сдéлал операции бóлее чем двадцати больны́м. (他给20多个病人做了手术。) 如果"数词+名词"组合前有前置词，也用"бóльше чем (бóлее чем)+数词或 мéньше чем (мéнее чем)+数词"结构，前置词要放在бóлее чем或мéнее чем 之后。例如：Завóд перевы́полнил план бóльше чем в два рáза. (工厂超额完成计划一倍多。) Посевнáя плóщадь пшени́цы вы́росла бóлее чем на два миллиóна гектáров. (小麦播种面积增加了二百多万公顷。)

练习17 ❶ A ❷ C ❸ D ❹ D ❺ D

练习18 隐喻（метáфора）格式是"……是……"，特点是没有"像"等词。修饰语（эпи́тет）是指非寻常的、具有形象性和表现力的定语或状语，如желéзная кровáть（铁床）、шёлковый платóк（丝巾）中желéзная和шёлковый是一般的定语，而在желéзная áрмия（铁军）、желéзная вóля（钢铁意志）、шёлковые вóлосы（丝一般的头发）中，从修辞学角度看则属"修饰法"。省略（эллипсис）句中的某些词语往往使句子简洁。口语中一般都使用省略句，如О чём вы? (你们在谈什么?) (省略говори́те)

练习19 ❶ C ❷ A ❸ A ❹ B ❺ A

一、词汇

练习1 为下列词语选择正确的解释。

① упрёк _____

② транзи́стор _____

③ о́тчим _____

④ созре́ть _____

⑤ плод _____

⑥ присмотре́ться _____

⑦ размышля́ть _____

⑧ расположе́ние _____

⑨ вдова́ _____

⑩ отсове́товать _____

⑪ отлюби́ть _____

⑫ отвы́кнуть _____

⑬ подсказа́ть _____

⑭ обременя́ть _____

⑮ свёкор _____

A. утра́тить привы́чку к чему́-н.

B. оте́ц му́жа

C. хоро́шее отноше́ние, тяготе́ние, симпа́тия к кому́-чему́-н.

D. шепну́ть и́ли показа́ть незаме́тно кому́-н. то, что тот до́лжен произнести́

E. затрудни́ть, доста́вить хло́поты, неудо́бства

F. прекрати́ть люби́ть

G. же́нщина, у кото́рой у́мер муж

H. стать зре́лым

I. часть расте́ния, развива́ющаяся из за́вязи цветка́ и содержа́щая семена́; результа́т чего́-н.

J. углубля́ться мы́слью во что́-н., предава́ться мы́слям о чём-н.

K. неродно́й оте́ц, муж ма́тери по отноше́нию к её де́тям от пре́жнего бра́ка

L. полупроводнико́вый прибо́р, усили́вающий электри́ческие сигна́лы; портати́вный радиоприёмник с таки́м прибо́ром

M. неудово́льствие, неодобре́ние и́ли обвине́ние, вы́сказанное кому́-н.

N. убеди́ть кого́-н. не де́лать чего́-н.

O. внима́тельно разгля́дывая, изуча́я, осво́иться с кем-чем-н.

二、课文和言语训练

练习2 将下列词组翻译成汉语。

плóхо с се́рдцем _____

отда́ть что на хране́ние _____

име́ть пра́во на заслу́женный о́тдых _____

сын от пе́рвого бра́ка _____

ме́длить с отве́том _____

разойти́сь с му́жем _____

пое́хать мо́рем _____

идти́ ле́сом _____

у кого́ золоты́е ру́ки _____

отве́тить с упрёком _____

проводи́ть с почётом _____

ката́ться на велосипе́де _____

центра́льное отопле́ние _____

включи́ть транзи́стор _____

лежа́ть с откры́тыми глаза́ми _____

поддержа́ть под ру́ку _____

седьма́я вода́ на киселе́ _____

домова́я конто́ра _____

бе́лый свет _____

вы́разить благода́рность _____

пода́рок на до́брую па́мять _____

тро́нуть до глубины́ души́ _____

练习3 **将下列词或词组翻译成俄语。**

法律系 _____

内战 _____

卫国战争 _____

妇产医院 _____

孤儿院 _____

疯人院 _____

白宫 _____

阵风 _____

逆风 _____

顺风 _____

练习4 **将括号里的词组翻译成俄语。**

❶ Брат жена́т _____ （年轻的女教师）.

❷ Сад был по _____ （另一侧）до́ма.

❸ Мы ды́шим _____ （新鲜的空气）.

❹ Он засну́л то́лько под _____ （早晨）.

❺ В саду́ па́хнет _____ （松林的气息）.

❻ По _____ （返回）в го́род он посети́л музе́й.

❼ Я благодарю́ вас _____ （温暖的话语）.

❽ Ка́ждый день мы _____ （与水打交道）.

❾ Студе́нты _____ （目的是）овладе́ть совреме́нной те́хникой.

❿ Мы _____ （不能）вы́полнить э́ту зада́чу.

练习5 把括号里的词变成适当形式填空，如需要加前置词。

① Мы имéем _____ (задáча) учи́ться.

② По _____ (оконча́ние) университéта он стал перево́дчиком.

③ Под _____ (Рождество́) роди́тели пригото́вили пода́рки.

④ Ка́ждый день мы имéем дéло _____ (рýсский язы́к).

⑤ Егó кни́ги выходи́ли _____ (свет) _____ (оди́н за други́м).

⑥ Писáтель награждён _____ (ордена́ и меда́ли).

⑦ В Китáе ка́ждый граждани́н имéет пра́во _____ (образова́ние).

⑧ Он рабóтает _____ (со́весть).

⑨ Мать уха́живает _____ (дéти).

⑩ Я здесь проживý с _____ (недéля).

练习6 造句。

имéть цéлью _____

имéть дéло с чем _____

не в си́лах _____

вы́йти в свет _____

练习7 把下列句子翻译成汉语。

① А на покóй егó, ста́рого печа́тника, проводи́ли с почётом, подари́ли насто́льные часы́ в ви́де большóго ключа́ с да́рственной на́дписью, подари́ли и транзи́стор, и Васи́лий Ильи́ч, грýстный и растро́ганный, реши́л нéкоторое врéмя пожи́ть у жены́ сы́на, а ключ от своéй москóвской кóмнаты óтдал на хранéние в домовýю контóру.

_____

_____

_____

_____

_____

② Ста́рость не ра́дость. По да́нным ООН, сегóдня людéй в вóзрасте 60 лет и ста́рше в ра́звитых стра́нах 16 процéнтов, в развива́ющихся – 7. Чéрез полвека это соотношение составит уже 23 и 14. В этой связи гуманизм общества в возрастающей степени будет определяться его отношением к старикам.

_____

_____

_____

_____

③ Он заснул только под утро, а когда проснулся, Антонины уже не было, чайник стоял на плите, и Василий Ильич одиноко сидел на террасе, пил чай, а на одной из яблонь так же одиноко сидела ворона, смотрела на него.

_____

_____

_____

④ На станции Василий Ильич перешёл на другую сторону платформы, услышал вскоре шум поезда, кто-то, поддержав под руку старого печатника, помог подняться по ступенькам вагона.

_____

_____

_____

⑤ И Василий Ильич решил, что по возвращении сына из Сибири отдаст ему свой заслуженный транзистор, отдаст и часы в виде ключа.

_____

_____

练习8 **把下列句子翻译成俄语。**

① 在远东他的书一本接一本地问世。

_____

② 我凭良心工作，因此有权利获得应得的休息。

_____

③ 儿子几年前娶了比自己年龄大的妻子，妻子第一次婚姻的女儿住在莫斯科的学生宿舍里。他们就像八竿子打不着的亲戚。

_____

_____

④ 老人很长寿，但他不能自己照顾自己，成为了儿子们的累赘。

_____

⑤ 大家劝他别报考这所大学，但他没听。

_____

练习9 以《Как на́до относи́ться к ста́ршему поколе́нию》为题，写一篇俄语作文，不少于300词。

_____

_____

_____

_____

_____

三、构词、语法、成语、修辞

练习10 把下列动词翻译成汉语，注意前缀про-的意义。

прописа́ть что	_____
прони́зывать что	_____
прожи́ть	_____
пролете́ть	_____
простоя́ть	_____
прони́кнуть что	_____
пробра́ться	_____
простину́ться	_____
промо́кнуть	_____

练习11　把下列动词翻译成汉语，注意前缀的意义。

захвати́ть что　　　　＿＿＿＿＿＿＿＿＿＿＿＿

прихвати́ть что　　　　＿＿＿＿＿＿＿＿＿＿＿＿

схвати́ть что　　　　＿＿＿＿＿＿＿＿＿＿＿＿

перехвати́ть кого́-что　　　＿＿＿＿＿＿＿＿＿＿＿＿

охвати́ть что　　　　＿＿＿＿＿＿＿＿＿＿＿＿

обхвати́ть кого́-что　　　＿＿＿＿＿＿＿＿＿＿＿＿

схвати́ться за что　　　＿＿＿＿＿＿＿＿＿＿＿＿

ухвати́ться за что　　　＿＿＿＿＿＿＿＿＿＿＿＿

练习12　把下列动词翻译成汉语，注意前缀про-的意义。

замолча́ть　　　　＿＿＿＿＿＿＿＿＿＿＿＿

промолча́ть　　　　＿＿＿＿＿＿＿＿＿＿＿＿

умолча́ть о ком-чём　　　＿＿＿＿＿＿＿＿＿＿＿＿

练习13　把下列词组翻译成汉语，指出词组中的на属于哪个意义【① 表示"在一段时间之内"② 表示某事进行或将要发生的日期、时间 ③ 向……方向，向……方面（趋向某物）④ 指出某物用途的数量特征 ⑤ 指出某种特征的范围 ⑥ 作……用，为了达到……目的（相当于для）⑦ 主要用于固定词组，指出动作的条件、情况】。

на второ́й ме́сяц по́сле возвраще́ния из-за грани́цы

　　　　　　　　　　　＿＿＿＿＿＿＿＿＿＿＿＿

на второ́м ме́сяце уче́бного го́да　　＿＿＿＿＿＿＿＿＿＿＿＿

на восьмо́м году́ жи́зни　　　＿＿＿＿＿＿＿＿＿＿＿＿

вы́йти на лай соба́ки　　　＿＿＿＿＿＿＿＿＿＿＿＿

обе́д на 20 челове́к　　　＿＿＿＿＿＿＿＿＿＿＿＿

купи́ть на 5 ты́сяч рубле́й　　＿＿＿＿＿＿＿＿＿＿＿＿

шум на весь дом　　　＿＿＿＿＿＿＿＿＿＿＿＿

де́ньги на шу́бу　　　＿＿＿＿＿＿＿＿＿＿＿＿

мате́рия на костю́м　　　＿＿＿＿＿＿＿＿＿＿＿＿

подари́ть на па́мять　　　＿＿＿＿＿＿＿＿＿＿＿＿

прийти́ на сме́ну

перенести́ на пя́тницу

усло́виться на ве́чер

уе́хать куда́ на це́лый год

ложи́ться на часо́к

принима́ть на голо́дный желу́док

сказа́ть на чистоту́

проводи́ть на поко́й

отда́ть на хране́ние

прогреме́ть на всю страну́

练习14 阅读по что, под что, с что的语法意义【по что ① 到, 及（表示达到的程度、限度, 与前置词до意义相当, 常与表示身体部位的词连用）; ② 至, 到……为止（表示时间、空间界限, 与前置词до意义相当）; ③ 在……边（表示方位, 只与带定语的сторона́, рука́连用）。под что 临近（……时日、节期等）, 在……前夕с что ①（表示大约的度量与数量, 相当于о́коло, приблизи́тельно）大约, 将近, 左右; ②（尺寸、大小）像……一样, 和……差不多】, 并把下列词组翻译成汉语。

вода́ по коле́но

ко́сы по по́яс

стоя́ть в грязи́ по по́яс

сыт по го́рло

за́нят по го́рло

по сего́дняшний день

по настоя́щее вре́мя

с января́ по март

прочита́ть с пе́рвой по пя́тую главу́

сиде́ть по другу́ю сто́рону стола́

под воскресе́нье

под пра́здник

под Но́вый год

под Рождество́ _____

под ве́чер _____

под у́тро _____

под о́сень _____

под ста́рость _____

отдохну́ть с полчаса́ _____

смотре́ть с мину́ту _____

отъе́хать с киломе́тр _____

прожи́ть с ме́сяц _____

пятно́ с ви́шню _____

ро́стом с ма́му _____

величино́й с дом _____

练习15　把下列词组翻译成汉语。

кра́ем у́ха слу́шать _____

кра́ем у́ха слы́шать _____

на краю́ ги́бели _____

прода́ть на сто́рону _____

на мое́й стороне́ _____

стоя́ть в стороне́ _____

себе́ на уме́ кто _____

у всех на уме́ _____

练习16　把下列词组翻译成汉语并造句。

на стороне́ чьей _____

в стороне́ _____

на днях _____

в ви́де чего́ _____

в своё вре́мя _____

练习17　把下列句子翻译成汉语，注意第五格表语的使用。

❶ Дру́жба дру́жбой, а слу́жба слу́жбой.

_____

② Шу́тки шу́тками, а нам пора́ взя́ться за де́ло.

_____

③ Прия́тель прия́телем, а обеща́ть вам э́того я не могу́.

_____

④ Рабо́та рабо́той, а на́до отдохну́ть хоро́шенько.

_____

⑤ Слова́ слова́ми, а на́до поступи́ть.

_____

练习18 把下列词组翻译成汉语，注意第五格定语的用法。

бро́ви дуго́й _____

га́лстук ба́бочкой _____

ке́пка блино́м _____

пар клуба́ми _____

дым столбо́м _____

борода́ кли́ном _____

во́лосы ды́бом _____

нос карто́шкой _____

练习19 举例说明俄语中的 сравне́ние, олицетворе́ние 的辞格。

_____

_____

_____

练习20 指出下列句中所用的辞格。

① Ве́село де́рево ли́стьями ма́шет.

_____

② Спят в тума́не поля́.

_____

③ Золоте́ющая о́сень пла́чет.

_____

④ Весне́ нездоро́вилось.

_____

⑤ В голубы́х небеса́х я́рко ды́шит заря́.

_____

⑥ Муж и жена́ живу́т как ко́шка с соба́кой.

_____

⑦ Ма́льчик вздохну́л и на́чал есть, как аку́ла.

_____

⑧ Он был едва́ закры́т мехо́вым одея́лом, бле́ден, как сме́рть.

_____

⑨ Сын спал как уби́тый.

_____

⑩ Он упря́мый как осёл.

_____

练习21 **选择正确答案回答问题。**

① К како́му тро́пу отно́сится "Жизнь как сон." ?
  A. К мета́форе.　　　　　B. К сравне́нию.
  C. К иро́нии.　　　　　　D. К эпи́тету.

② К како́му тро́пу отно́сится "Её любо́вь к сы́ну была́ подо́бна безу́мию."?
  A. К мета́форе.　　　　　B. К сравне́нию.
  C. К каламбу́ру.　　　　　D. К эпи́тету.

④ К како́му тро́пу отно́сится "Он бе́гает как ло́шадь."?
  A. К сравне́нию.　　　　　B. К мета́форе.
  C. К хиа́зму.　　　　　　D. К метони́мии.

④ К како́му тро́пу отно́сится "Звезда́ с звездо́й говори́т."?
  A. К олицетворе́нию.　　　B. К мета́форе.
  C. К иро́нии.　　　　　　D. К антите́зе.

⑤ К како́му тро́пу отно́сится "Спят в тума́не поля́."?
  A. К олицетворе́нию.　　　B. К сравне́нию.
  C. К гипербо́ле.　　　　　D. К перифра́зе.

四、日积月累

Куй желéзо, покá горячó. 趁热打铁。

Лýчше пóздно, чем никогдá. 迟到也比不来好。

五、国情点滴

　　2012 年被确定为中国"俄罗斯旅游年"（Год росси́йского тури́зма в Кита́е）。这是继互办"国家年"及"语言年"之后，中俄两国举办的又一重大主题年活动，是发展中俄关系的一项重大举措。办好中俄"旅游年"有利于进一步深化中俄全面战略协作伙伴关系，扩大两国旅游交流合作。

六、练习答案

练习1 ① M ② L ③ K ④ H ⑤ I ⑥ O ⑦ J ⑧ C ⑨ G ⑩ N ⑪ F ⑫ A ⑬ D ⑭ E ⑮ B

练习2 心脏不好, 保存, 有权得到应有的休息, 第一次结婚的儿子, 迟迟不回答, 和丈夫离婚, 走海路, 行走在森林中, （谁）手巧, 指责地回答, 欢送, 骑自行车, 集中供暖, 打开收音机, 睁着眼睛躺着, 搀扶, 八竿子打不着的亲戚, 房屋管理处, 世间, 表达感谢, 作为美好记忆的礼物, 触动心灵深处

练习3 юрити́ческий факультéт, Гражда́нская войнá, Вели́кая Отéчественная войнá, роди́льный дом, дéтский дом, сумасшéдший дом, Бéлый дом, поры́вистый вéтер, встрéчный вéтер, попýтный вéтер

练习4
① на молодóй учи́тельнице
② другýю стóрону
③ свéжим вóздухом
④ ýтро
⑤ соснóй
⑥ возвращéнии
⑦ за тёплые словá
⑧ имéем дéло с водóй
⑨ имéют цéлью
⑩ не в си́лах

练习5
① задáчей
② оконча́нии
③ Рождествó
④ с рýсским языкóм
⑤ в свет, однá за другóй
⑥ орденáми и медáлями

⑦ на образова́ние   ⑧ на со́весть

⑨ за детьми́   ⑩ неде́лю

练习7

① 人们欢送他这位老印刷工退休，送给他大钥匙形状的写有题字的座钟，还送给他一个半导体收音机，瓦西里·伊里奇心情忧郁又深受感动，决定到儿子的妻子那儿住一段时间，他把自己莫斯科房子的钥匙送到房屋管理处保存。

② 毕竟年老不是高兴的事。根据联合国的数据，当今六十岁及以上年龄的老年人在发达国家占16%，在发展中国家占7%。半个世纪后这个比例是23%和14%。因此，社会人文关怀的发达程度将取决于其对老年人的态度。

③ 他到早晨才睡着，当他醒来的时候，安东妮娜已经不在了，水壶还在炉灶上，瓦西里·伊里奇孤独地坐在凉台上喝着茶，在一棵苹果树上落着一只孤独的乌鸦看着他。

④ 在车站上瓦西里·伊里奇走到站台的另一侧，很快听到了火车的轰鸣声，有人搀扶着这位老印刷工，帮他登上了火车车厢的台阶。

⑤ 于是瓦西里·伊里奇决定，儿子从西伯利亚回来后把自己用了很长时间的收音机给他，还要把钥匙形状的钟送给他。

练习8

① На Да́льнем Восто́ке его́ кни́ги выходи́ли в свет одна́ за друго́й.

② Я рабо́таю на со́весть, и поэ́тому име́ю пра́во на заслу́женный о́тдых.

③ Сын жени́лся не́сколько лет наза́д на же́нщине ста́рше его́, сейча́с её дочь от пе́рвого бра́ка жила́ в Москве́ в институ́тском общежи́тии. Родство́ их — седьма́я вода́ на киселе́.

④ Стари́к зажи́лся, не мог уха́живать сам за собо́й, стал бре́менем для сынове́й.

⑤ Ему́ отсове́товали подава́ть в э́тот университе́т, но он не послу́шался.

练习10

登记户口，给……报户口；穿透，打穿；活（若干时间）；飞过，飞（若干距离）；站立（若干时间）；透进，渗入；（艰难地）穿过；挤过去；湿透

练习11

抓起，拿起；（随身）携带，（顺便）带上，捎带上；（用快速的动作）抓住，拿起；截住留下，截住扣留；围住，笼罩；拥抱；（用手）快速抓住；抓住

练习12

沉默起来；沉默（若干时间）；避而不谈

练习13

на второ́й ме́сяц по́сле возвраще́ния из-за грани́цы①从国外返回的第二个

月; на втором ме́сяце уче́бного го́да② 学年的第二个月; на восьмо́м году́ жи́зни② 生活的第八年; вы́йти на лай соба́ки③ 朝狗叫声走去; обе́д на 20 челове́к④ 供20人吃的午餐; купи́ть на 5 ты́сяч рубле́й④ 花五千卢布; шум на весь дом⑤ 影响整栋楼的嘈杂声; де́ньги на шу́бу⑥ 买大衣的钱; мате́рия на костю́м⑥ 做西服用的布料; подари́ть на па́мять⑥ 送作纪念; прийти́ на сме́ну① 接替; перенести́ на пя́тницу① 移到星期五; усло́виться на ве́чер① 约在晚上; уе́хать куда́ на це́лый год① 去……一整年; ложи́ться на часо́к① 躺一个小时; принима́ть на голо́дный желу́док⑦ 空腹服用; сказа́ть на чистоту́⑤ 清晰地说; проводи́ть на поко́й⑥ 休息; отда́ть на хране́ние⑥ 送去保存; прогреме́ть на всю страну́⑤ 闻名全国

练习14 膝盖深的水, 齐腰的辫子, 站在齐腰深的泥中, 太饱了, 非常忙, 到今天, 到现在, 从一月到三月, 从第一章读到第五章, 坐在桌子另一边, 周末, 节日前夕, 新年前夕, 圣诞节前夕, 傍晚, 黎明, 临近秋天, 接近暮年, 休息大约半小时, 看大约一分钟, 行驶了约一公里, 住了大约一个月, 樱桃般大小的斑点, 个头跟妈妈差不多, 房子般大小

练习15 不大注意地听, 漫不经心地听; 略有所闻, 偶尔听说; 处于死亡的边缘; 非法售予外人; 支持我; 站在一旁 (观望); 不露心计, 有城府, 诡秘, 狡黠; 大家心里想的是……

练习16 (权利、优势等) 在……一方, 为……所有; ①от кого́ 单独地, 离开……独自 ②在边远处; 在最近几天; 以……样子, 以……形状; 当时

练习17
① 友谊归友谊, 公事归公事。
② 玩笑归玩笑, 但我们该干活了。
③ 朋友归朋友, 但我不能答应此事。
④ 工作归工作, 但总应该好好休息。
⑤ 说归说, 应该去做。

练习18 弯状眉毛; 蝴蝶形领结; 饼状鸭舌帽; 团状蒸气; 柱状烟雾; 尖胡子, 楔形胡子; 竖立着的头发; 蒜头鼻子

练习19 明喻 (сравне́ние) 是指带有比喻词等形式手段的比喻。试比较: Жизнь э́то сон. (人生是一场梦。) 是隐喻 (мета́фора), 而 Жизнь как сон. (人生如梦。) 则是明喻。明喻常用比较连词 как, бу́дто, подо́бно 等。拟人 (олицетворе́ние)

是为了把事物或现象描写得生动活泼，把事物当做人来描写，如Tи́хо дре́млет река́.（河在打盹。）

练习20 ❶❷❸❹❺ 是拟人；❻❼❽❾❿ 是明喻

练习21 ❶ B ❷ B ❸ A ❹ A ❺ A

期末试题及参考答案

期末试题

一

I Выберите правильный вариант. 15 баллов

1 Благодаря но́вым ме́тодам лече́ния больно́й _____.

    A. за́жил   B. вы́жил   C. нажи́л   D. о́тжил

2 Студе́нты на́шей гру́ппы стара́ются, о́чень серьёзно _____ к учёбе.

    A. отно́сят   B. отно́сятся   C. обраща́ют   D. обраща́ются

3 Ско́ро начина́ется экзаменацио́нная се́ссия, пора́ _____ к подгото́вке к экза́менам.

    A. вступи́ть   B. приступи́ть   C. отступи́ть   D. поступи́ть

4 Помеще́ние соверше́нно _____: вме́сто двух больши́х ко́мнат сде́лали не́сколько ма́леньких.

    A. устро́или   B. надстро́или   C. пристро́или   D. перестро́или

5 Лишь и́зредка крик како́й-нибудь пти́цы _____ тишину́ ле́са.

    A. разруша́л   B. наруша́л   C. по́ртил   D. разбива́л

6 Похвала́ стра́шна, она́ приуча́ет писа́теля ду́мать о себе́ лу́чше, чем он _____ есть.

    A. действи́тельно   B. на са́мом де́ле   C. в са́мом де́ле   D. практи́чески

7 Мы _____ вы́полнить э́то зада́ние.

    A. под си́лу   B. в си́лах   C. из всех сил   D. в си́лу

8 _____ бы мы хоть на мину́ту, мы опозда́ли бы на по́езд.

    A. Задержа́лись   B. Е́сли задержа́лись

    C. Задержи́сь   D. Задержи́тесь

⑨ _____ на вáшем мéсте, мы бы поступи́ли по-другóму.

A. Был   B. Бýдучи

C. Будь   D. Бýдьте

⑩ Комитéт рýсских жéнщин поддéрживает свя́зи с жéнскими организáциями
различных направлéний _____ ми́ра.

A. в бóлее ста стра́нах   B. в бóлее чем ста стра́нах

C. бóлее в ста стра́нах   D. бóлее чем в ста стра́нах

⑪ К какóму сти́лю отнóсится предложéние «Игрокáми росси́йской сбóрной
по тéннису былá одéржана блестя́щая побéда.»?

A. К разговóрному сти́лю.   B. К наýчному сти́лю.

C. К публицисти́ческому сти́лю.   D. К официáльно-деловóму сти́лю.

⑫ К какóму сти́лю отнóсится предложéние «По договóра подря́да подря́дчик
обязýется вы́полнить в срок определённую рабóту по задáнию закáзчиков,
а закáзчик обязýется приня́ть и оплати́ть вы́полненную рабóту.»?

A. К разговóрному сти́лю.   B. К наýчному сти́лю.

C. К публицисти́ческому сти́лю.   D. К официáльно-деловóму сти́лю.

⑬ К какóму сти́лю отнóсится предложéние «Я тетрáдь взялá, запи́сывать чтобы. »?

A. К разговóрному сти́лю.   B. К наýчному сти́лю.

C. К публицисти́ческому сти́лю.   D. К официáльно-деловóму сти́лю.

⑭ К какóму стилисти́ческому трóпу отнóсится "Молчáние – зóлото." ?

A. К метáфоре.   B. К сравнéнию.

C. К гипербóле.   D. К метони́мии.

⑮ К какóму трóпу отнóсится "Жизнь как сон." ?

A. К метáфоре.   B. К сравнéнию.

C. К ирóнии.   D. К эпи́тету.

II Объясните следующие выражения и составьте
предложения с ними.   20 баллов

в конéчном счёте _____

головá на плечáх _____

не под си́лу _____

те́рять и́з виду что _____

спра́виться _____

III Переведи́те сле́дующие предложе́ния на ру́сский язы́к. **20 ба́ллов**

1 对某些人来说，高等教育只是通往仕途的一个台阶，有些人则把高等教育看成是提高自己职业技能的机会。

_____

_____

2 大学生把今天的一切多归功于教授。他怀着十分感激的心情给教授写信，感谢他使自己走上了正确的道路。

_____

_____

3 为了使生产在国际市场具有竞争力，中国做了最大的努力来吸引外资、技术和人才。为了达到该目的，中国开辟了"高新技术园区"，园区内外商可以免费使用土地并免税。

_____

_____

_____

4 其实，春节的饮食与其他节日的餐饮没什么大的区别。

_____

_____

5 人生充满意外，我的记分册里出现了很高的分数。坦白地说，这让我措手不及，说不出话来了。

_____

_____

_____

IV Переведи́те сле́дующие предложе́ния на кита́йский язы́к. **20 ба́ллов**

1 Та́кже ну́жно реша́ть пробле́му со светофо́рами, "горя́щими" кра́сным в отсу́тствии пешехо́дов, – оптимизи́ровать их рабо́ту. Как вариа́нт бессветофо́рного движе́ния – стро́ить подзе́мные перехо́ды.

_____

_____

_____

2 В на́ше вре́мя появля́ются но́вые профе́ссии и исчеза́ют ста́рые, стира́ются грани́цы ме́жду мно́гими из них, а не́которые, напро́тив, постоя́нно де́лятся, дробя́тся, размножа́ются. Поско́льку и́менно сейча́с на́ша жизнь претерпева́ет значи́тельные измене́ния, происхо́дит стреми́тельное разви́тие обще́ственных отноше́ний, в усло́виях совреме́нного ры́нка труда́ появля́ется большо́е коли́чество но́вых, непривы́чных и незнако́мых для нас профе́ссий, хотя́ в бо́лее разви́тых стра́нах они́ уже́ давно́ ста́ли обы́чными.

_____

_____

_____

_____

_____

3 В настоя́щее вре́мя ле́кции зачасту́ю превраща́ются в дикта́нт, потому́ что с одно́й стороны́, така́я фо́рма заня́тий вполне́ устра́ивает не́которых студе́нтов, так как понима́ния в да́нном слу́чае не тре́буется, и на экза́мене мо́жно воспо́льзоваться шпарга́лкой и́ли при подгото́вке отде́латься зубрёжкой.

_____

_____

_____

_____

4 На пе́рвом эта́пе рефо́рм Кита́й дава́л иностра́нным инве́сторам нало́говые льго́ты, дешёвую зе́млю и други́е сти́мулы, а та́кже тра́тил миллиа́рды до́лларов на строи́тельство порто́в, доро́г, гости́ниц, ли́ний оптоволоко́нной свя́зи и други́х объе́ктов инфраструкту́ры.

_____

_____

_____

_____

⑤ Осо́бо выдаю́щиеся выпускники́ мо́гут поступи́ть в аспиранту́ру, ча́ще всего́ – при той ка́федре, на кото́рой они́ защища́ли дипло́м. Это ещё три го́да нау́чной рабо́ты под крыло́м своего́ факульте́та, в тече́ние кото́рых аспира́нт обя́зан сдать кандида́тский ми́нимум и подгото́вить диссерта́цию.

 Напишите сочинение на тему «Я люблю читать А.П.Чехова», не менее 300 слов.

25 баллов

期末试题 参考答案

I. (每题1分)

❶ B ❷ B ❸ B ❹ D ❺ B ❻ B ❼ B ❽ C ❾ C ❿ D
⓫ C ⓬ D ⓭ A ⓮ A ⓯ B

III. (每题4分)

❶ Для ко́го-то вы́сшее образова́ние э́то то́лько одна́ из ступе́нек карье́ры, а кто́-то ви́дит в вы́сшем образова́нии возмо́жность повы́сить свой профессиона́льный у́ровень.

❷ Студе́нт обя́зан профе́ссору всем, что име́ет сего́дня. Он пи́шет профе́ссору с призна́тельностью, благодари́т его́ за то, что он повёл студе́нта на ве́рный путь.

❸ Для созда́ния конкурентноспосо́бных на мирово́м ры́нке произво́дств Кита́й де́лает всё возмо́жное для привлече́ния иностра́нных инвести́ций, техноло́гий и ка́дров. Для достиже́ния э́той це́ли в КНР бы́ли со́зданы "зо́ны высо́ких техноло́гий", где иностра́нным инве́сторам предлага́ются беспла́тно земе́льные уча́стки и освобожде́ние от нало́гов.

❹ Со́бственно говоря́, засто́лье Пра́здника Весны́ ма́ло чем отлича́ется от други́х пра́здничных засто́лий.

❺ Жизнь полна́ неожи́данностей, в зачётке у меня́ появи́лись отли́чные оце́нки. Открове́нно говоря́, э́то заста́ло меня́ враспло́х, что про́сто онеме́л.

IV.（每题4分）

① 在没有行人的时候红灯仍然亮着的问题也要解决，要优化红绿灯的工作。像建造地下通道就是一个不使用信号灯的解决方案。

② 如今，新职业不断涌现，旧职业不断消失，其中很多职业之间的界限模糊，而另一些职业却在细化分工，不断衍生出新的职业。其原因在于我们今天的生活正在经历巨大改变，社会关系飞速变化，劳动力市场上大量新生职业层出不穷，许多对我们来说很不习惯甚至很陌生的职业在发达国家中早就很常见。

③ 现在课程往往变成了听写，因为从一方面来讲，这种上课形式让一些学生很满意，因为在这种情况下不需要思考，在考试的时候也可以打小抄或复习的时候死记硬背。

④ 改革的第一阶段中国给外商提供税收优惠、廉价的土地和其他刺激因素，还花费数十亿美元建设港口、道路、宾馆、通信光缆和其他基础设施。

⑤ 特别优秀的毕业生可以进入研究生院，通常都是在他们毕业的教研室读研究生。他们在系里进行三年的科研工作，期间研究生必须通过副博士最低限度考试并撰写论文。

期末试题

I **Выберите правильный вариант.** **15 баллов**

1 Мно́го недоста́тков тру́дно _____.

   A. нажи́ть   B. отжи́ть

   C. пережи́ть   D. изжи́ть

2 Мно́гие студе́нты вы́нуждены _____: на стипе́ндию не проживёшь.

   A. подраба́тывать   B. зараба́тывать

   C. отраба́тывать   D. разраба́тывать

3 Неда́вно мы с Татья́ной бы́ли в Третьяко́вской галере́е. Пото́м я _____ Татья́ну домо́й.

   A. проводи́л   B. провёл

   C. сопроводи́л   D. приводи́л

4 Око́нчив институ́т, Серге́й стал жа́дно _____ зна́ния об обще́стве и накопля́ть их.

   A. выбира́ть   B. избира́ть

   C. набира́ть   D. отобира́ть

5 Для лече́ния больны́х в медици́не ча́сто _____ му́зыку, произведе́ния иску́сства, карти́ны.

   A. по́льзуются   B. применя́ют

   C. употребля́ют   D. испо́льзуют

6 Мой нау́чный руководи́тель _____ с ре́чью на собра́нии.

   A. вы́ступил   B. отступи́л

   C. наступи́л   D. приступи́л

7 На́до с ма́лых лет _____ чистоте́ и поря́дку.

   A. научи́ть дете́й   B. учи́ть дете́й к

   C. приучи́ть дете́й   D. приучи́ть дете́й к

8 Он каза́лся намно́го моло́же, чем был _____.

   A. действи́тельно   B. на са́мом де́ле

   C. в са́мом де́ле   D. в действи́тельности

⑨ _____ он не себя, мы бы не узнали его.

    A. Назови   B. Назовите

    C. Если назвал   D. Если бы назвал

⑩ _____ я на твоём месте, я бы сразу согласился перейти на эту работу.

    A. Был   B. Буду

    C. Быть   D. Был бы

⑪ На собрании присутствовали профессора и специалисты _____.

    A. из более 50 институтов   B. из более чем 50 институтов

    C. более из 50 институтов   D. более чем из 50 институтов

⑫ _____ нам выдали по альбому с видами Москвы.

    A. На награду   B. За награду

    C. В награду   D. С наградой

⑬ К какому стилю относится предложение «24 марта 2000 года в Москве в "Президент-Отеле" прошёл Первый съезд общероссийской общественной организации "Российский союз юристов".»?

    A. К разговорному стилю.   B. К научному стилю.

    C. К публицистическому стилю.   D. К официально-деловому стилю.

⑭ К какому стилю относится предложение «Делай что хочешь.»?

    A. К разговорному стилю.   B. К научному стилю.

    C. К публицистическому стилю.   D. К официально-деловому стилю.

⑮ К какой фигуре относится "Кружатся в воздухе печальные листья." ?

    A. К эпитету.   B. К метафоре.

    C. К сравнению.   D. К иронии.

II Объясните следующие выражения и составьте предложения с ними.   20 баллов

иметь в виду _____

броситься в глаза _____

в силах _____

то и дело _____

иначе говоря _____

III Переведите следующие предложения на русский язык. **20 баллов**

1. 大学生的亲戚是卫生部的领导。他利用职权，经常打电话或写信给医学院的教师们，要求他们在考试期间对这个学生给予关注。

_____

_____

2. 一些人为了生存，不得不碰到什么就干什么，勉强度日，哪里还顾及薪水以及傲慢的上司或不合群的同事。

_____

_____

3. 对此最好的证明就是世界 500 强企业中有超过 400 家在中国开办了工厂。

_____

4. 大学生活的压力主要来自于情感紧张和学业繁重，与中学生活相比条件的变化是产生不同程度压力的原因。

_____

_____

5. 根据世界卫生组织的数据,汽车排放物平均缩短寿命 4 岁,儿童的死亡率增加 1%。

_____

IV Переведите следующие предложения на китайский язык. **20 баллов**

1. Практика показывает, что 70-80% всех автомобилей имеют "на борту́" то́лько одного́ води́теля. Если он бу́дет подвози́ть до рабо́ты своего́ сосе́да (сосе́дей), таки́х же води́телей, то про́бок бу́дет куда́ ме́ньше.

_____

_____

2. Испоко́н веко́в при́нято, что мужчи́на убива́ет ма́монтов, а же́нщина храни́т оча́г. И, несмотря́ на эмансипа́цию, большинство́ семе́й стро́ится и́менно по тако́му при́нципу.

_____

_____

❸ Принципиа́льно ва́жным вне́шним фа́ктором, во мно́гом определя́ющим как перспекти́вы социа́льно-экономи́ческого разви́тия страны́, так и усиле́ние экономи́ческого влия́ния Кита́я в ми́ре, явля́ется вступле́ние КНР в ВТО.

_____

_____

_____

❹ Профессиона́льная приго́дность – э́то тре́бования к состоя́нию здоро́вья челове́ка, тре́бования к профессиона́льной квалифика́ции и тре́бования к профессиона́льным спосо́бностям. Здоро́вье, квалифика́ция и спосо́бности челове́ка явля́ются его профессиона́льно ва́жными ка́чествами. Если у́ровень их разви́тия превосхо́дит тот, кото́рый тре́буется для овладе́ния профе́ссией, то челове́ка мо́жно счита́ть профессиона́льно приго́дным к э́той профе́ссии.

_____

_____

_____

_____

❺ Аудито́рия второ́го вы́сшего образова́ния – для специали́стов, жела́ющих стать профессиона́лами в той и́ли ино́й о́бласти, испы́тывающих о́стрый дефици́т в теорети́ческих зна́ниях. Поми́мо "пионе́рской" це́ли есть и бытовы́е: нали́чие второ́го вы́сшего образова́ния повыша́ет прести́ж специали́ста как в компа́нии, так и в делово́м окруже́нии.

_____

_____

_____

_____

Ⓥ Напишите сочинение на тему «Кем быть», не менее 300 слов.　　　　25 баллов

期末试题 ❷ 参考答案

I.（每题1分）

①D ②A ③A ④C ⑤D ⑥A ⑦D ⑧B ⑨A ⑩D
⑪D ⑫C ⑬C ⑭A ⑮A

III.（每题4分）

❶ Родственник студéнта был ответственным работником Минздрáва. Он, пóльзуясь влáстью, чáсто звонил или писáл письма педагóгам медицинского института, чтóбы они оказáли студéнту помощь на экзáмене.

❷ Нéкоторым лю́дям приходилось брáться за любóе дéло, чтóбы вы́жить, пóпросту свести концы́ с концáми. Где уж тут считáться с зáработной плáтой, заносчивым начáльником или неуживчивыми коллéгами.

❸ Лу́чшим свидéтельством тому́ является факт: в настоя́щее врéмя бóлее 400 из 500 веду́щих мировы́х компáний организовáли в Китáе свои предприя́тия.

❹ Стрéссы студéнческой жи́зни свя́заны с высóкой эмоционáльной напряжё́нностью студéнтов и си́льной академи́ческой загружё́нностью, изменéние услóвий по сравнéнию со шкóльной жи́знью слу́жит причи́ной возникновéния стрéссов разли́чной си́лы и глубины́.

❺ По дáнным Всеми́рной организáции здравоохранéния вы́бросы автотрáнспорта сокращáют продолжи́тельность жи́зни в срéднем на 4 гóда. Дéтская смéрность увели́чивается на 1%.

IV.（每题4分）

❶ 实践表明，70%—80% 的汽车里只有司机一人，如果他搭载一个或多个像他一样开车上班的邻居，拥堵就会少得多。

❷ 自古以来都认为男主外，女主内。尽管有妇女解放运动，但大多数家庭的建立的原则仍是如此。

❸ 在很大程度上决定国家社会经济发展前景及增强中国对世界经济影响力最重要的外部因素就是中国加入了世界贸易组织。

❹ 职业适宜度是指职业对一个人的身体状况、职业熟练程度和技能提出的要求。身体情况、职业熟练程度和技能是一个人重要的职业素质，如果这些方面的水平超过该职业所要求具备的水平，那么就可以认为这个人适合该职业。

❺ 第二高等教育的课程是为想在某一领域成为职业工作者但理论知识欠缺的专家开设的。除了前卫的目的还有现实的目的：第二高等教育可以提高其在公司或职场的声望。

期末试题

I Выберите правильный вариант. **15 баллов**

1 Моя бабушка _____ две мировые войны.

   A. нажила́   B. изжила́

   C. отжила́   D. пережила́

2 Они́ лю́бят _____ ро́зы в своём саду́.

   A. проводи́ть   B. разводи́ть

   C. доводи́ть   D. вводи́ть

3 Двою́родный брат поступи́л в техни́ческий университе́т, а двою́родная
сестра́ _____ на хими́ческий заво́д.

   A. поступи́ла   B. вступи́ла

   C. наступи́ла   D. выступи́ла

4 В шко́ле дете́й _____ чте́нию и письму́.

   A. у́чат   B. у́чатся

   C. приуча́ют   D. изуча́ют

5 _____ э́та рабо́та оказа́лась бо́лее сло́жной, _____ я
предполага́л внача́ле.

   A. На са́мом де́ле, чем   B. В са́мом де́ле, чем

   C. На са́мом де́ле, как   D. В са́мом де́ле, как

6 _____ мы бо́льше, мы бы сда́ли экза́мен.

   A. Занима́лись   B. Занима́емся

   C. Занима́лись бы   D. Занима́ться

7 _____ он биле́ты, мы _____ в кино́.

   A. Купи́, пошли́ бы   B. Купи́те, пошли́ бы

   C. Купи́, пойдём   D. Купи́те, пойдём

8 Мне бы́ло _____ занима́ться.

   A. что   B. чего́

   C. чему́   D. чем

⑨ Хиру́рг сде́лал опера́ции _____.

    A. бо́лее двадцати́ больны́х   B. бо́лее двадцати́ больны́м

    C. бо́лее чем двадцати́ больны́м   D. бо́лее чем двадцати́ больны́х

⑩ К како́му сти́лю отно́сится предложе́ние «За кни́ги, возвраща́емые в библиоте́ку в плохо́м состоя́нии, чита́тели несу́т материа́льную отве́тственность. »?

    A. К разгово́рному сти́лю.   B. К нау́чному сти́лю.

    C. К публицисти́ческому сти́лю.   D. К официа́льно-делово́му сти́лю.

⑪ К како́му сти́лю отно́сится предложе́ние «Брат поступи́л в медици́нский.»?

    A. К разгово́рному сти́лю.   B. К нау́чному сти́лю.

    C. К публицисти́ческому сти́лю.   D. К официа́льно-делово́му сти́лю.

⑫ К како́й фигу́ре отно́сится "Татья́на в лес, медве́дь за ней.", когда́ в э́том предложе́нии глаго́лы не употребля́ются?

    A. К антите́зе.   B. К э́ллипсису.

    C. К сравне́нию.   D. К умолча́нию.

⑬ Како́й худо́жественный приём испо́льзуется в подчёркнутой ча́сти предложе́ния: «...го́рдо ре́ет буреве́стник, чёрной мо́лнии подо́бный»?

    A. Олицетворе́ние.   B. Мета́фора.

    C. Эпи́тет.   D. Сравне́ние.

⑭ К како́му тро́пу отно́сится "Берёзы пла́чут." ?

    A. К метони́мии.   B. К эпи́тету.

    C. К олицетворе́нию.   D. К антите́зе.

⑮ К како́му тро́пу отно́сится "Твоя́ речь – бу́дто о́стрый нож" ?

    A. К мета́форе.   B. К олицетворе́нию.

    C. К сравне́нию.   D. К повто́ру.

II Объясните следующие выражения и составьте предложения с ними.   **20 баллов**

на протяже́нии чего́ _____

сломя́ го́лову _____

име́ть в виду́ кого́-что _____

по си́лам _____

жить мину́той _____

III Переведите следующие предложения на русский язык.　20 баллов

① 父亲瞥了女儿一眼说："你就没想过考研究生？"

②第二学历的优势在于不用入学考试。入学面试的任务在于确定其水平，帮助其选择必修的课程。

③ 儿子几年前娶了比自己年龄大的妻子，妻子第一次婚姻的女儿住在莫斯科的学生宿舍里。他们就像八竿子打不着的亲戚。

④ 有创造力的、属于演员类型的、激情四射的人，选择的职业一般是设计师、画家、音乐家、演员等等。

⑤ 现代的城市人从小就习惯了汽车尾气的味道，以至于当他还在呼吸有毒气体的时候都已经无法发觉。

IV Переведите следующие предложения на китайский язык.　20 баллов

① Судя по всему, Китаю удаётся не только осуществить более тесную интеграцию в мировую экономику, но и уже в первые годы после вступления в ВТО получить определённые преимущества для развития экономики страны в результате её вхождения в открытую мировую торговлю систему.

2 Ста́рость не ра́дость. По да́нным ООН, сего́дня люде́й в во́зрасте 60 лет и ста́рше в ра́звитых стра́нах 16 проце́нтов, в развива́ющихся – 7. Че́рез полве́ка э́то соотноше́ние соста́вит уже́ 23 и 14. В э́той свя́зи гумани́зм о́бщества в возраста́ющей сте́пени бу́дет определя́ться его́ отноше́нием к старика́м.

_____

_____

_____

3 На дне откры́тых двере́й, когда́ прису́тствуют 2 тыс. мам и пап, я говорю́: е́сли есть да́же намёк на взя́тку от како́го-то преподава́теля, ну, приди́те сюда́, в э́тот кабине́т, скажи́те!

_____

_____

_____

4 Определи́ть, каковы́ ва́ши профессиона́льные интере́сы и скло́нности, т.е. жела́ния челове́ка, побужде́ния, потре́бности в определённых ви́дах де́ятельности, стремле́ния не то́лько к результа́ту, но и к са́мому проце́ссу того́, что челове́к де́лает. От скло́нностей зави́сит привлека́тельность рабо́ты, интере́с к ней.

_____

_____

_____

5 Это ра́ньше мо́жно бы́ло безбе́дно жить с "хвоста́ми". Тепе́рь студе́нтов сра́зу предупрежда́ют: не сдаёте в се́ссию оди́н предме́т – неме́дленно отчисля́ем, никаки́х переда́ч. Потому́ что в пла́тных гру́ппах полно́ претенде́нтов на освобожда́ющиеся места́.

_____

_____

_____

V Напиши́те сочине́ние на те́му «Вы́сшее образова́ние в Кита́е», не ме́нее 300 слов. **25 ба́ллов**

期末试题 三 参考答案

I.（每题1分）

①D ②B ③A ④A ⑤A ⑥C ⑦A ⑧D ⑨C ⑩D
⑪A ⑫B ⑬D ⑭C ⑮C

III.（每题4分）

① Оте́ц взгляну́л на дочь и сказа́л: "Тебе́ не пришло́ на мысль поступа́ть в аспиранту́ру?"

② Привиле́гия второ́го вы́сшего образова́ния – как таково́е отсу́тствие вступи́тельных экза́менов. Зада́ча проводи́мых при вступле́нии собесе́дований в определе́нии образова́тельного у́ровня, что помога́ет вы́брать необходи́мые предме́ты.

③ Сын жени́лся не́сколько лет наза́д на же́нщине ста́рше его́, сейча́с её дочь от пе́рвого бра́ка жила́ в Москве́ в институ́тском общежи́тии. Родство́ их – седьма́я вода́ на киселе́.

④ Лю́ди с тво́рческим скла́дом ума́, эмоциона́льные, относя́щиеся к арти́сти́ческому ти́пу, выбира́ют профе́ссии диза́йнера, худо́жника, музыка́нта, актёра и т.д.

⑤ Совреме́нный городско́й жи́тель с де́тства насто́лько привы́к к за́паху выхлопны́х га́зов, что уже́ и во́все его́ не замеча́ет, продолжа́я ме́жду тем дыша́ть ядови́тыми вещества́ми.

IV.（每题4分）

① 总之，中国不仅能成功地实现与世界经济的一体化，而且在加入世界贸易组织的最初几年里，由于进入了开放的世界贸易体系，因而获得了一定的优势来发展国家经济。

② 毕竟年老不是高兴的事。根据联合国的数据，当今六十岁及以上年龄的老年人在发达国家占 16%，在发展中国家占 7%。半个世纪后这个比例是 23% 和 14%。因此，社会人文关怀的发达程度将取决于其对老年人的态度。

③ 在开放日那天会有 2000 名父母到来，我会对他们说：如果哪位老师暗示要收取贿赂，那么，到我的办公室告诉我！

④ 应确定你的职业兴趣和倾向是怎样的，这指的是一个人从事某些活动的愿望、动机和对工作种类的需求以及一个人不仅追求结果，还注重所做工作过程所做的努力。工作的吸引力以及对工作的兴趣正是取决于这些倾向。

⑤ 在以前考试垫底也无所谓。但现在马上会警告学生：在考期内有一门课不及格，立刻开除，没有任何补考机会。因为自费班里有的是人想得到这些空出来的名额。

期末试题

Ⅰ **Выберите правильный вариант.**   15 баллов

1 Мно́гие ста́рые обы́чаи давно́_____.

A. о́жили

B. изжи́ли

C. о́тжили

D. про́жили

2 Ста́роста_____ мне о собра́нии.

A. запо́мнил

B. вспо́мнил

C. напо́мнил

D. опо́мнился

3 На́до_____ дете́й к хо́лоду.

A. учи́ть

B. приуча́ть

C. научи́ть

D. обучи́ть

4 Его́ расска́з_____ на всех большо́е впечатле́ние.

A. подвёл

B. привёл

C. произвёл

D. увёл

5 В про́шлом году́ ста́рший брат_____ в па́ртию.

A. вы́ступил

B. отступи́л

C. вступи́л

D. приступи́л

6 Несча́стье большинства́ люде́й в том, что они́ счита́ют себя́_____
спосо́бными, чем на са́мом де́ле.

A. бо́льше

B. на бо́льше

C. на большо́е

D. бо́лее

7 На то ты тепе́рь и команди́р,_____ име́ть своё мне́ние.

A. что́бы

B. что

C. что́бы не

D. что не

8 Он говори́т по-ру́сски_____, чем я.

A. гора́здо хорошо́

B. хорошо́

C. гора́здо лу́чше

D. сравни́тельно лу́чше

⑨ _____ она́ мне об э́том, я _____ ей.

    A. Скажи́, бы помогла́   B. Скажи́те, бы помогла́

    C. Скажи́, помогла́   D. Скажи́те, бы помогла́

⑩ Я сде́лал докла́д _____ .

    A. бо́лее чем ста студе́нтам   B. бо́лее чем ста студе́нтов

    C. бо́лее ста студе́нтов   D. бо́лее ста студе́нтам

⑪ К како́му сти́лю отно́сится предложе́ние «Хо́лодно, ве́тер потому́ что. »?

    A. К разгово́рному сти́лю.   B. К нау́чному сти́лю.

    C. К публицисти́ческому сти́лю.   D. К официа́льно-делово́му сти́лю.

⑫ К како́му сти́лю отно́сится предложе́ние «Мужчи́ны до достиже́ния по́лных 18 лет, же́нщины до достиже́ния по́лных 15 лет не мо́гут заключи́ть бра́ка. »?

    A. К разгово́рному сти́лю.   B. К нау́чному сти́лю.

    C. К публицисти́ческому сти́лю.   D. К официа́льно-делово́му сти́лю.

⑬ К како́му стилисти́ческому тро́пу отно́сится "Жизнь – э́то сон." ?

    A. К сравне́нию.   B. К града́ции.

    C. К мета́форе.   D. К перифра́зе.

⑭ К како́му тро́пу отно́сится "Он бе́гает как ло́шадь." ?

    A. К сравне́нию.   B. К мета́форе.

    C. К хиа́зму.   D. К метони́мии.

⑮ К како́му тро́пу отно́сится "Спят в тума́не поля́." ?

    A. К олицетворе́нию.   B. К сравне́нию.

    C. К гипербо́ле.   D. К перифра́зе.

II Объясните следующие выражения и составьте предложения с ними.   **20 баллов**

как ры́ба в воде́ _____

держа́ть в голове́ _____

в ви́де чего́ _____

в своё вре́мя _____

в насме́шку над чем _____

III Переведите следующие предложения на русский язык. **20 баллов**

❶ 伊万幻想着自己吃饱喝足了躺在河边，在温暖的阳光下，全身心地体验想干什么就干什么。

_____

_____

❷ 如果大学不能以学术自由为己任，那么它就不配称为大学。

_____

❸ 在专用车道上行驶平均罚款是 35 欧元，如果闹到法院，可能会吊销驾照。

_____

❹ 依我看，这就是赤裸裸的贪图利益，仅此而已。一个年轻的女子怎么会爱上一个可以做他父亲的男人呢？

_____

_____

❺ 严格地说，我们国家属于发展中国家。

_____

IV Переведите следующие предложения на китайский язык. **20 баллов**

❶ Под эконо́микой при́нято понима́ть систе́му обще́ственного произво́дства, проце́сс созда́ния материа́льных благ, необходи́мых челове́ческому о́бществу для его норма́льного существова́ния и разви́тия, а та́кже нау́ку, изуча́ющую экономи́ческие проце́ссы.

_____

_____

_____

❷ Для реше́ния э́той зада́чи в экономи́ческой сфе́ре наме́чено увели́чить к 2020 г. валово́й вну́тренний проду́кт в 4 ра́за по сравне́нию с 2000 г., значи́тельно уси́лить совоку́пную мощь страны́ и междунаро́дную конкурентноспосо́бность, осуществи́ть в основно́м индустриализа́цию, повы́сить уде́льный вес городско́го населе́ния.

_____

_____

_____

3 А на покóй егó, стáрого печáтника, проводи́ли с почётом, подари́ли настóльные часы́ в ви́де большóго ключá с дáрственной нáдписью, подари́ли и транзи́стор, и Васи́лий Ильи́ч, грýстный и растрóганный, реши́л нéкоторое врéмя пожи́ть у жены́ сы́на, а ключ от своéй москóвской кóмнаты óтдал на хранéние в домовýю контóру.

_____

_____

_____

4 Не случáйно есть мнéние, что, выбирáя себé профéссию, человéк выбирáет и óбраз жи́зни. А потомý лýчше не эксперименти́ровать, не идти́ на поводý у друзéй, для котóрых профéссия не явля́ется глáвной составля́ющей в жи́зни. Ведь в итóге все неприя́тности в связи́ с вы́бором профéссии ля́гут на плéчи тогó, кто её выбирáет.

_____

_____

_____

5 Напримéр, éсли студéнту ромáно-гермáнского отделéния к концý пéрвого кýрса вдруг захóчется стать руси́стом, в э́ту "рáзницу" войдýт древнегрéческий и старославя́нский языки́, котóрые емý самостоя́тельно придётся освáивать "с нуля́".

_____

_____

_____

V Напишите сочинение на тему «Как решить транспортную проблему в крупных городах», не менее 300 слов. **25 баллов**

期末试题 四 参考答案

I.（每题1分）

①C ②C ③B ④C ⑤C ⑥D ⑦A ⑧C ⑨A ⑩A
⑪A ⑫D ⑬C ⑭A ⑮A

III.（每题4分）

① Ива́н мечта́ет, как он нае́вшись, напи́вшись, лежи́т вверх живото́м у са́мой ре́чки, под тёплым со́лнцем, всем те́лом чу́вствует, что мо́жет де́лать всё, что хо́чет.

② Если университе́т не живёт свобо́дной нау́кой, то в тако́м слу́чае он не досто́ин зва́ния университе́та.

③ Сре́дний штраф за прое́зд по спецполосе́ – 35 е́вро, а е́сли де́ло дойдёт до суда́, мо́жно и води́тельских прав лиши́ться.

④ На мой взгляд, всё э́то – исключи́тельно го́лый расчёт и ничего́ бо́льше. Как мо́жет молода́я краси́вая де́вушка люби́ть мужика́, годя́щегося ей в отцы́?!

⑤ Стро́го говоря́, на́ша страна́ отно́сится к числу́ развива́ющихся стран.

IV.（每题4分）

① 通常，经济指的是社会生产体系、创造人类社会正常生存和发展必需的物质财富的过程以及研究经济进程的科学。

② 为了解决经济领域的这一问题，计划到2020年国内生产总值要增长到2000年的4倍，显著提高综合国力和国际竞争力，基本实现工业化，提高城市人口的比重。

③ 人们欢送他这位老印刷工退休，送给他大钥匙形状的上写有题字的座钟，还送给他一个半导体收音机，瓦西里·伊里奇心情忧郁又深受感动，决定到儿子的妻子那儿住一段时间，他把自己莫斯科房子的钥匙送到房屋管理处保存。

④ 选择职业也是选择一种生活方式，这种观点的出现并不意外。所以不要抱试验的态度，不要听从不拿职业当回事的人的意见。要知道选错职业的所有痛苦归根结底都会落到当事人的身上。

⑤ 例如，罗曼德语系的学生在一年级末突然想学俄语专业，那么这种"学科差异"考试就包括古希腊语和古斯拉夫语，这些课程他必须从零开始自学。

iTEST

iTEST 俄语专业测试与训练系统是一个为高校提供俄语试题库资源和在线评测服务的综合测试管理平台。**iTEST**为学校提供俄语专业四、八级水平测试，与教材配套的俄语阶段性课程测试等高质量模拟题库和基础训练题库，支持学生进行词汇与语法等基础训练、听说读写译专项能力训练和自主模考训练，为老师提供自主出卷、自动组卷、快速阅卷、成绩统计分析等个性化教学管理功能，全面助力高校俄语专业教学与评估。

适用对象：
高校外语院系、图书馆

http://itest.fltrp.com/russian

学校

组织标准化俄语考试
- 可组织全校性俄语专业四、八级水平测试等模拟测试
- 可实现从出卷、审卷、监考到阅卷及成绩归档的整个考试流程的信息化管理

开展高效教学评估
- 通过测试成绩统计分析，迅速全面准确了解和评估全校/院学生的俄语能力和教学总体效果

教师

组织班级测试
- 组织俄语专业各门课程阶段性学期测试，检测学生的学习效果
- 组织俄语专业四、八级水平测试等模拟测试，辅导学生为考试做好准备

进行测试分析与教学诊断
- 通过清晰易读的成绩报告了解学生的俄语水平和学习效果
- 基于多方位的测试统计分析，发现学生俄语学习中的问题，给予针对性辅导

指导学生自主训练
- 通过学习记录了解学生的学习情况，指导学生进行自主训练
- 通过班级论坛，为学生在线答疑

从事测试研究
- 收集测试数据并借助专业的成绩分析报告作为研究参考
- 咨询教育部外指委俄语分委会测试组专家，开展测试课题研究

学生

进行学期课程测试
- 通过各门课程测试，巩固语言基础知识，为进一步提高语言水平打好基础

进行专项能力训练
- 通过听、说、读、写、译等专项训练，进行针对性强化训练，提高各项语言技能

进行自主模考训练
- 通过俄语专业四、八级水平测试等模考训练，检验学习效果，同时熟悉考试题型，为考试做好充分准备

为什么选择iTEST?

国内同类平台中：

唯一提供专业考试数据统计分析的测试平台
唯一将测试、教学与科研相结合的测试平台
首个题库经过专业预测调整的测试平台
首个俄语专业四、八级水平测试的测试平台

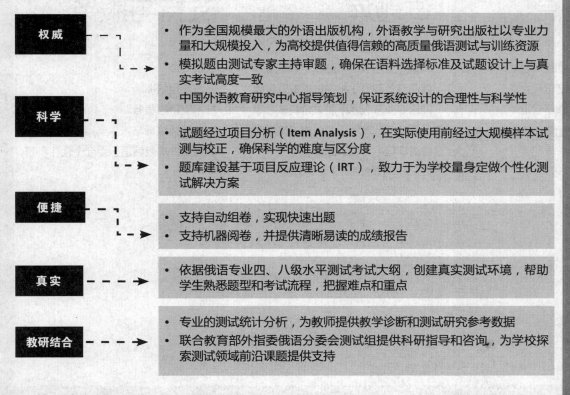

权威

- 作为全国规模最大的外语出版机构，外语教学与研究出版社以专业力量和大规模投入，为高校提供值得信赖的高质量俄语测试与训练资源
- 模拟题由测试专家主持审题，确保在语料选择标准及试题设计上与真实考试高度一致
- 中国外语教育研究中心指导策划，保证系统设计的合理性与科学性

科学

- 试题经过项目分析（Item Analysis），在实际使用前经过大规模样本试测与校正，确保科学的难度与区分度
- 题库建设基于项目反应理论（IRT），致力于为学校量身定做个性化测试解决方案

便捷

- 支持自动组卷，实现快速出题
- 支持机器阅卷，并提供清晰易读的成绩报告

真实

- 依据俄语专业四、八级水平测试考试大纲，创建真实测试环境，帮助学生熟悉题型和考试流程，把握难点和重点

教研结合

- 专业的测试统计分析，为教师提供教学诊断和测试研究参考数据
- 联合教育部外指委俄语分委会测试组提供科研指导和咨询，为学校探索测试领域前沿课题提供支持

iTEST
提供哪些资源和服务？

平台

自主训练平台
在线测试平台
测试教学管理平台
测试结果查询与统计平台

试题库

俄语专业四级水平测试全真试题库
俄语专业四级水平测试模拟试题库
俄语专业八级水平测试全真试题库
俄语专业八级水平测试模拟试题库
俄语课程中心训练题库
更多多语种试题库请详见网站公告

支持与服务

系统安装
系统使用培训
技术支持与服务
专业教师培训与教学支持
教育部外指委俄语分委会个性化科研
支持